# En Contacto Con Otros Reinos

Experiencias de un Aventurero
en la Consciencia

## Helene Hadsell

Actualizado por
Carolyn Wilman

Copyright © 2001 por Helene Hadsell, Delta Sciences LLC
Copyright © 2020 por Helene Hadsell, revisado y actualizado por Carolyn Wilman, 7290268 Canada Inc., dba Words For Winning
Todos los derechos reservados.

**Edición en español** Copyright © 2024 por Helene Hadsell, revisado y actualizado por Carolyn Wilman, 7290268 Canada Inc., dba Words For Winning

Aunque la autora y la editorial han hecho todo lo posible para garantizar que la información contenida en este libro fuera correcta en el momento de su publicación, la autora y la editorial no asumen y por la presente declinan toda responsabilidad ante cualquier parte por cualquier pérdida, daño o trastorno causado por errores u omisiones, independientemente de que dichos errores u omisiones se deban a negligencia, accidente o cualquier otra causa.

Todos los derechos reservados. Ninguna parte de esta publicación puede ser reproducida, distribuida o transmitida de ninguna forma ni por ningún medio, incluidos el fotocopiado, la grabación u otros métodos electrónicos o mecánicos, sin el permiso previo por escrito del editor, excepto en el caso de citas breves incluidas en reseñas críticas y otros usos no comerciales permitidos por la ley de derechos de autor. Para solicitar permiso, póngase en contacto con la editorial:

7290268 Canada Inc., dba Words For Winning info@wordsforwinning.com
Para más detalles sobre pedidos en grandes cantidades, póngase en contacto con la editorial en orders@wordsforwinning.com.

Hadsell, Helene
    En contacto con otros reinos
    Experiencias de un aventurero en la conciencia
Segunda edición de En contacto con otros reinos
    Cuerpo, mente y espíritu 1. Inspiración y crecimiento personal 2. Misticismo.
    Psicología 1. Metafísica.
    I. Hadsell, Helene. En contacto con otros reinos. Experiencias de un Aventurero en la Conciencia

Libro de pasta blanda ISBN: 978-1-7773194-9-6
Libro electrónico ISBN: 978-1-7381229-0-5

# Agradecimientos

Traducción de Carlos Reyes en Fiverr.
Editado por Catherine Flesh.
Diseño de portada por Mark Lobo de doze!gfx.

# DEDICATORIA

A Helene y a todos los grandes maestros metafísicos que me precedieron. No sólo mejoraron mi vida, sino que también cambiaron innumerables vidas.

**Helene Hadsell**
1 de junio de 1924—30 de octubre de 2010

# AFIRMACIÓN

A Helene le gustaba repetir una frase sencilla cada vez que daba una conferencia, escribía o aconsejaba a la gente:

"Permítanme ser un canal para ayudar a la gente a ayudarse a sí misma".

Como ella no está aquí para pronunciar esta frase, que cada uno de los que leemos estas palabras afirmemos su oración.

# MÁS LIBROS

## LIBROS DE HELENE HADSELL

¿Lo quieres? Lo tienes

En contacto con otros reinos

Confesiones de un sabio de 83 años

Un hombre llamado Viernes

https://bit.ly/HeleneHadsellBooks

## LIBROS DE CAROLYN WILMAN

No puedes ganar si no participas

Cómo ganar dinero, coches, viajes, ¡y más!

https://bit.ly/LearnToWinSweepstakes

## TALLERES EN LÍNEA

Técnicas Mágicas para el Éxito 2.0

Sorteos para principiantes

Cómo ganar sorteos en las redes sociales

RoboForm 101

https://bit.ly/CQWorkshops

# TABLA DE CONTENIDO

| | |
|---|---|
| Dedicatoria | iii |
| Afirmación | iii |
| Más Libros | iv |
| Portada Original de Helene | 7 |
| Prólogo de Carolyn | 9 |
| Prólogo original de Grace | 11 |
| Introducción | 13 |
| El secreto que nunca le conté a la abuela | 15 |
| Novena | 19 |
| El mensajero | 23 |
| El extraordinario José Silva | 31 |
| En busca de respuestas | 43 |
| Nací libre | 51 |
| El increíble Paul Twitchell | 55 |
| Telepatía mental | 65 |
| Levitación | 73 |
| Perder una oportunidad de oro | 79 |
| Vidas paralelas | 83 |
| Creación de imágenes mentales | 89 |
| Dos misiones | 103 |
| Epílogo | 117 |
| Lecturas recomendadas | 119 |
| Autores | 125 |

# Portada Original de Helene

Cuando empecé a reeditar este libro en 2020, no tenía acceso al cuadro original de Helene, ni siquiera a una fotografía para recrear su portada original. Le pregunté a su hijo Dike qué le había pasado. Pensó que ella había pintado sobre el cuadro. Por lo tanto, incluí un escaneo para que pudieran apreciar la inspiración divina de Helene. Luego, en 2022, cuando fui a Texas a visitar la casa de Helene, ¡Dike encontró el cuadro original de Helene! Había estado pegado a un tablero de partículas y a un marco que se había deteriorado irreparablemente. Despegué el cuadro y Dike se rió diciendo: "Eso es exactamente lo que habría hecho mamá". A Tag Powell, la segunda editora de Helene, le gustó tanto mi nueva portada que he decidido no copiar su diseño original. En su lugar, he hecho fotografiar profesionalmente el cuadro para que lo disfruten. (Véase el final del capítulo **El mensajero**).

Helene explica:

Me refiero al ser que aparece en la portada como el "Mensajero". El Mensajero me ha visitado en numerosas ocasiones y me vi obligada a pintar esta imagen tras una visita en 1970. No voy a afirmar que soy la única con la que se ha contactado el Mensajero, pues desde entonces he visto imágenes que guardan un parecido asombroso con el guía que vi.

En el libro de Joseph Whitfield *El Tesoro de El Dorado*, hay dieciséis pinturas y bocetos que el autor llamó los "Madrugadores". Los Madrugadores son los maestros ascendidos de todo el cosmos que sirven a Dios ayudando a elevar espiritualmente a sus semejantes.

Cuando descubrí por primera vez *El tesoro de El Dorado* y abrí el libro, sentí un escalofrío. Inmediatamente reconocí la imagen de la página dos como el Mensajero.

En el libro de Brad Steiger *Revelación: El Fuego Divino*, Brad entrevista a cientos de personas que han recibido mensajes del reino invisible. Creo firmemente que cada uno de nosotros ha tenido esta experiencia. Algunos son reacios a hablar de ello, otros lo descartan como intuición y otros tienden a ignorarlo.

Sí, hay ángeles de la guarda, mensajeros y guías en el reino invisible. Sí, todos tenemos ayuda, guía y protección, pero primero hay que pedir para recibir.

**Helene Hadsell**

# Prólogo de Carolyn

No estoy segura de cuándo oí hablar por primera vez de Helene Hadsell, pero fue a principios de la década del 2000 cuando recibi como regalo un ejemplar usado de *¿Lo quieres? Lo tienes.* Me sentí muy afortunada, ya que no se publicaba desde 1988. Lo devoré.

No fue mi primera introducción al pensamiento positivo, la visualización, la proyección mental, la fijación de objetivos, etc. Cuando cumplí dieciocho años, mi padre me regaló mi primer libro de motivación, diciéndome: "Si puedo enseñarte a los dieciocho lo que yo aprendí a los treinta y seis, ya me llevarás mucha ventaja".

Tras años de autoestudio, llegué a la conclusión que mi propósito era enseñar a los demás dos cosas. Primero, cómo traer más diversión y emoción a sus vidas cotidianas ganando sorteos, y segundo, cómo utilizar una amplia gama de metodologías metafísicas y maestros, como Helene, para lograr una vida mágica.

Comencé mi camino de enseñanza en 2004 escribiendo un libro: *No puedes ganar si no participas* y también publicando un boletín informativo. Luego, en 2008, añadí un blog y un podcast a mi plataforma. Cada dos lunes, durante varios años, charlé con los que mueven los hilos en la industria de la promoción, deseosa de compartir mi mensaje.

Como siempre estoy buscando invitados dinámicos para mi podcast, me puse en contacto con Helene y aceptó participar en mi programa. Estaba extremadamente emocionada. (Las entrevistas de audio se grabaron y se pueden encontrar en mi canal de YouTube WordsForWinning, junto con una lista de reproducción de los vídeos completa aquí: https://bit.ly/HeleneHadsell).

Después de nuestra primera entrevista, fui bastante descarada y le pregunté sin rodeos a Helene si podía ir a Texas a conocerla en persona. Me dijo que no. Unos días después, recibí una llamada suya invitándome a visitarla. Helene dijo que mis guías espirituales eran tan ruidosos que tuvo que ceder. (Soy ruidosa en la vida, así que no me sorprendió que mis guías espirituales también lo fueran).

Ese noviembre, me encontré en Alvarado, Texas, en presencia de esta mujer increíble. Para mí, las mujeres como Helene eran las maestras originales de la espiritualidad. Helene dominaba no sólo la Ley de la Atracción, sino también el arte de manifestar, junto con muchas otras extraordinarias habilidades metafísicas. Es esa misma maestría la que imparte en todos sus libros. Helene también pensaba que "si ella podía hacerlo, usted también".

Durante mi visita, Helene me sugirió que tomara su batuta y empezara a compartir lo que ella llevaba décadas enseñando. No se veía enseñando en persona otra vez y no quería que sus mensajes se fueran con ella. No hice nada con su sugerencia, hasta ahora.

Desde que la entrevisté, escribí sobre ella y compartí sus enseñanzas a lo largo de los años, recibí muchas peticiones de libros, cursos y lecturas de las cartas numerológicas de Helene. Por fin, había llegado el momento de no sostener la batuta que me había dado, sino de correr con ella.

Me puse en contacto con su familia y recibí el permiso para actualizar y volver a publicar sus libros. Me entusiasmaba la idea de dar a conocer al mundo lo que esta mujer inteligente, vibrante y gregaria me pidió que hiciera hace más de una década.

Para mí es importante mantener la integridad de la obra de Helene, así que en esta edición sólo he hecho pequeños ajustes. He reformateado su libro para adaptarlo a los métodos de publicación actuales (impresión bajo demanda, Kindle, Kobo, Google Books, Apple Books y audible), he añadido notas cuando ha sido necesario y he incluido una sección de lecturas recomendadas al final para que usted pueda seguir aprendiendo y creciendo.

También le he facilitado la tarea de distinguir las palabras de Helene de las mías. Todas las palabras de Helene están en letra Arial. Todas mis palabras están en fuente Times New Roman.

Al igual que Helene, espero sinceramente que se tome en serio su sabiduría y cree su propia **AVENTURA ATREVIDA**.

**Carolyn Wilman**
Editora, autora, profesora, vendedora

# Prólogo Original de Grace

Grace era amiga de Helene y tuvo la amabilidad de escribir este Prólogo para la edición original de 2001.

La vida, para mí, es como un hilo, y de vez en cuando, encuentro una "perla de gran valor". Una persona, un lugar o un acontecimiento que desprende una gran sabiduría en una forma que irradia y capta mi atención y mi amor por la expresión. Una de estas "perlas" se me apareció un día en Dallas, Texas, y desde entonces he estado expuesta a un drama continuo de cómo un ser humano puede ver continuamente la vida como una gran aventura y, al mismo tiempo, mantener un tremendo sentido del humor.

Esta persona se llama Helene Hadsell y el libro que está a punto de leer contiene "perlas en un hilo" sobre los acontecimientos de su vida en los que exigió una AVENTURA ATREVIDA... O NADA, un estandarte bajo el que explora los principios de la vida de "la mente sobre la materia". Helene lleva treinta y siete años investigando, enseñando y escribiendo. No sólo investiga y enseña los dones del espíritu, sino que los ha experimentado.

Ha sido un gran placer para mí escuchar estos ensayos en las deliciosas presentaciones dramáticas de Helene. Es una escritora nata, actriz, directora e incluso productora de muchos de los dramas de la vida, tanto grandes como pequeños. Si tiene suerte, le pedirá que sea su invitado en el Delta Sciences Center, que se construyó con los derechos de autor de su primer libro, *¿Lo quieres? Lo tienes*. Si es usted un invitado, se le trata como tal. Si viene a estudiar o a descansar, se le asigna su propio plan "*Pague como quiera*", lo que significa que usted contribuye con dinero, talento o tiempo a cambio de alojamiento y comidas. Mientras esté allí, es probable que experimente el fenómeno del mundo espiritual. Si se profundiza lo suficiente, se descubre que la expresión de la vida de esta notable mujer se lee como un libro de "cómo hacer" para desarrollar la forma de entrar ***En contacto con otros reinos***. Este libro ofrece una comprensión de las clases de Conciencia que ella imparte en sus seminarios.

Ambos parecemos estar sintonizados con un rayo particular del ojo del Creador, y nuestro encuentro nunca se consideró casual. Ha sido para mí un gran privilegio compartir estas "perlas de sabiduría" con esta maestra única, y lo único que lamento es que no pueda escuchar estas parábolas de su propia risa... en su propio estilo íntimo. La computadora y la palabra impresa son la mejor alternativa. A ella le gusta la sencillez y el humor. Lea primero para DISFRUTAR. VUELVA A LEER para seguir sus técnicas y descubrirá que todos tenemos la capacidad y podemos estar EN CONTACTO CON OTROS REINOS.

**Grace Godwin**

# INTRODUCCIÓN

En esta vida, mi **MISIÓN** era ser una **AVENTURERA**. Sé que he cumplido mis objetivos. Hoy, a los setenta y siete años, comparto algunas de mis experiencias e investigaciones que han hecho de esta vida para mí una ***AVENTURA TAN ATREVIDA***.

Antes de comenzar mis relatos, me gustaría presentar mi filosofía para que sepa de dónde vengo.

## PUNTOS PARA REFLEXIONAR

- Cuando elegimos nacer (y la mayoría de las almas eligen a sus padres), recibimos un cuerpo. Puede gustarle u odiarlo, pero será suyo mientras viva en esta dimensión. Cómo lo cuide o deje de cuidarlo puede marcar una enorme diferencia en la calidad de su vida.

- Aprenderá muchas lecciones, ya que se ha inscrito en una escuela informal a tiempo completo llamada LA VIDA EN LO FÍSICO. Cada día, se le presentarán oportunidades para aprender lo que necesita saber. Las lecciones que se le presentan son a menudo completamente diferentes de las que usted PIENSA que necesita.

- No hay errores, sólo lecciones. El crecimiento proviene de un proceso de experimentación y ensayo y error. A menudo se aprende más del fracaso que del éxito.

- Una lección se repite hasta que se aprende. Cuando la haya aprendido (como demuestra un cambio en su actitud y, en última instancia, en su comportamiento), podrá pasar a la siguiente lección. El aprendizaje nunca termina. Mientras viva, habrá algo más que aprender.

- El " Allá " no es mejor que el " Aquí ". Simplemente descubrirá otro " Allá " que le parecerá mejor que su " Aquí ". No se engañe creyendo que lo inalcanzable es mejor que lo que tiene. ¿POR QUÉ? Porque USTED está siempre presente en el Allá y en el Aquí.

- Los demás no son más que espejos de usted. No puede amar ni odiar nada de otra persona a menos que refleje algo que usted ama u odia de sí mismo. Cuando sienta la tentación de criticar a los demás, pregúntese por qué lo hace.
- Lo que HAGA de la vida depende de usted. Tiene todas las herramientas y recursos que necesita. Lo que CREE con esas herramientas y recursos depende de usted.

*NOTA: Los puntos de reflexión de Helene son su interpretación de las Reglas para ser humano, traducidas del sánscrito antiguo y ampliadas en el libro Si la vida es un juego, éstas son las reglas, de Cherie Carter-Scott.*

Las siguientes historias son experiencias reales. A lo largo de los años, algunas han sido publicadas, otras se han utilizado como ejemplos para guiar a los estudiantes a encontrar sus respuestas y otras se han escrito simplemente por diversión. Mantengo que el sentido del humor es absolutamente IMPRESCINDIBLE cuando nos enfrentamos a la vida. Puede ser SERIO... TONTO... o DADO AL SERMÓN... Juzguen ustedes.

**Helene Hadsell**

# El Secreto que Nunca le Conté a la Abuela

La habitación desprendía un leve y rancio olor a "anciano" cuando entré en el pequeño dormitorio delantero donde el abuelo yacía moribundo. Antes, mi tía Margaret nos había llamado a mis ocho primos y a mí desde el patio trasero, donde estábamos jugando. Nos dijo que era hora de despedirnos del abuelo.

La abuela estaba en su mecedora con respaldo de caña, murmurando oraciones en alemán cuando entramos. La lámpara de latón con pantalla de pergamino brillaba con 40 vatios y el reloj de la mesilla, cuyo tictac sonaba más fuerte que los jadeos del abuelo, me ponía la piel de gallina.

Lo único que había en la habitación era un cuadro descolorido de un ángel suspendido en el aire, protegiendo a dos niños que cruzaban una pasarela en mal estado. El cuadro estaba en un antiguo marco de peltre cuyas ranuras y volutas estaban oscurecidas por el polvo acumulado durante años. Mientras esperaba mi turno para despedirme, mis ojos seguían recorriendo las volutas y volvían a mirar al abuelo.

— El ángel viene a llevarse a su abuelo al cielo —, nos susurró la abuela cuando entramos en la habitación. Después de despedirme del abuelo apretando su mano venosa que era más hueso que músculo, la tía Margaret nos dijo que volviéramos a salir a jugar.

Yo no, pensé mientras corría al lado de mi madre.

— Quiero quedarme y ver cómo el ángel se lleva al abuelo al cielo —, exigí.

Como mamá no quería hacer un escándalo, me dejó quedarme a su lado.

— Tienes que estarte quieta —, me advirtió con severidad.

Los mayores y yo volvimos al dormitorio y nos quedamos de pie mientras el cura administraba la extremaunción. Empezó a rezar el rosario y pidió a los demás que se unieran. Yo escuchaba mientras mi mente divagaba, como un globo desatado, a la espera de que apareciera un gran ángel alado.

La luz daba un brillo iridiscente a la sábana que cubría el frágil cuerpo del abuelo. Yacía de espaldas, como un cadáver, con la boca abierta.

De repente, el abuelo empezó a incorporarse. Empezó a levantar los brazos hacia el techo y cada movimiento desprendía una oleada de vitalidad que me hizo apretarme más a mamá. Estaba asombrada. Según todas las reglas de la lógica, no tenía fuerzas para lograr lo que acababa de ocurrir. Desesperadamente enfermo por haber luchado contra el asma durante meses, su estado se había deteriorado hasta el punto de que cada respiración sonaba a pura agonía. Ahora, aquí estaba, sentado y murmurando incoherencias. Finalmente, su boca se abrió en una sonrisa de labios finos antes de dejarse caer sobre la almohada.

En un instante, me di cuenta que aparecía gente de la nada, congregándose alrededor de la cama. Al momento siguiente, el abuelo salió de la cama, sonriendo, hablando y abrazándoles. No pude oír lo que decían, pero el abuelo estaba contento. De repente, se desvanecieron al atravesar la pared, llevándose al abuelo con ellos. ¿Cómo era posible?

Después, el abuelo que estaba en la cama emitió un gorgoteo grave y cesaron los jadeos; la abuela se levantó y se arrodilló junto a la cama sollozando. Mamá me sacó de la habitación y me llevó a la sala mientras los gemidos y los sollozos se hacían más fuertes. Yo era una niña confusa de seis años.

Criada en una familia católica temerosa de Dios, la abuela siempre me había dicho que todos teníamos un ángel que nos cuidaba y que, cuando muriéramos, vendría a llevarnos al cielo.

— ¿El abuelo no tenía un ángel? —, le pregunté a mi madre mientras entrábamos en la sala, donde las cortinas de las dos ventanas delanteras ocultaban la mayor parte del sol y formaban una gran sombra en la habitación. Aquel día toda la casa parecía extraña y espeluznante.

— Claro que sí. Todos tenemos un ángel de la guarda —.

— El abuelo no —, insistí. — Un abuelo atravesó la pared con un montón de gente y el otro abuelo seguía en la cama —.

— Ya estás otra vez con esa imaginación tuya. No quiero que le cuentes esas tonterías a nadie, y menos a la abuela; sólo conseguirás disgustarla. Prométemelo. ¿Quieres que la gente piense que estás loca? —. Sacudió la cabeza mientras una sombra de fastidio cruzaba su rostro manchado de lágrimas.

Le prometí que no se lo diría a nadie.

— Es mi secreto —, susurré.

— ¿Por qué no estás afuera con el resto de los niños? —, cuestionó mi tía al entrar en la habitación.

— Ya sabes cómo es, siempre haciendo preguntas y queriendo saber cada pequeña cosa, además de una imaginación hiperactiva —, contestó rápidamente mamá, mordiéndose el labio para contener las lágrimas. — Dejé que se quedara. Te juro que, si no la hubiera parido en la cama de mi casa, dudaría de que fuera miembro de esta familia —.

Oí eso en numerosas ocasiones mientras crecía.

— ¿Por qué no puedes ser más como tu hermana mayor o tu hermano pequeño? —, fue otro comentario que escuché.

No me malinterpreten: nunca abusaron de mí ni me descuidaron. Tal vez era más desafiante que mi hermana o mi hermano.

Como mis abuelos vivían al otro lado del callejón, iba allí varias veces al día hasta que el abuelo se puso demasiado enfermo. El último mes antes que muriera, me mantuve alejada. Me dolía el pecho y me costaba respirar con solo estar cerca de él. Ahora se había ido a la edad de cincuenta y siete años.

Volví a visitar a la abuela después del funeral, cuando todo parecía haber vuelto a la normalidad. Me enseñó una oración para rezar a mi ángel, me dejó ayudarla a recoger hierbas de su jardín y me hizo caramelos de melaza.

Guardé mi secreto. Nunca le dije a la abuela que el abuelo no tenía ángel. Que a él sólo le llevaban al cielo algunas personas.

# Novena

*Nunca hay fracaso. Sólo un retraso en los resultados.*
**Helene Hadsell**

— ¿Qué es una NOVENA? —, preguntó una de mis compañeras al padre Schell, que enseñaba catecismo a los alumnos de primer grado en el colegio St. Mary.

— Es una oración a la Virgen. Debes ir a misa y rezar el rosario durante nueve días si quieres algo o necesitas respuesta a un problema —, explicó.

— ¿La Virgen siempre responde a tu oración? —, preguntó Dean, el pecoso.

— A veces, puede haber un retraso en los resultados, pero no conozco ningún fracaso —.

El Padre empezó a hablarnos de un chico que pedía que su padre consiguiera un trabajo, de una chica que hacía una Novena por la recuperación de su madre tras su accidente de automóvil casi mortal. Mientras seguía contando los resultados beneficiosos, yo ya sabía lo que yo quería.

Yo quería UN SACO DE DULCES. Los dulces comprados en tiendas eran un capricho poco frecuente durante la depresión de los años treinta.

Después del colegio, le pregunté a mi hermana mayor si alguna vez había hecho una novena.

— Sólo las personas mayores o enfermas hacen novenas —, me contestó.

— Bueno, yo sólo tengo siete años y puedo hacer una porque el padre Schell dijo que cualquiera podía —.

— Pero tienes que ir a misa nueve días seguidos, rezar todo el rosario y no puedes decírselo a nadie más que a la Virgen —, me recordó, encogiéndose de hombros con desinterés.

Me cambié la ropa del colegio por la de jugar y decidí que empezaría la novena el lunes siguiente. Teníamos que ir a la iglesia todas las mañanas antes de empezar el colegio y yo podía ir a misa el sábado con la abuela. El domingo, toda la familia iba a misa.

— Puedo hacerlo —, me aseguré.

Los nueve días terminarían el miércoles y el jueves por la mañana tendría mi saco de dulces. Tenía claro qué tipo de dulces quería. Tres jawbreakers, tres palitos de mantequilla de cacahuete, tres caramelos de menta, tres paletas y tres trozos de regaliz de cuerda. Mi plan era compartir mis dulces con mi hermano pequeño y mi hermana mayor.

A medida que pasaban los días, sólo podía pensar en los dulces. ¿Los encontraría debajo de la cama? ¿Estarían en mi mochila? ¿Estarían en la mesita de noche? Nunca lo dudé ni lo cuestioné ni se lo conté a nadie.

El jueves por la mañana... no había caramelos. El viernes por la mañana... seguía sin haber caramelos. ¿Habría hecho algo mal?

Al día siguiente, durante el recreo en el colegio, le pregunté a la Hermana Valentine si sabía por qué mi Novena no había funcionado.

— ¿Qué pediste? —

— Pedí un saco de dulces —, le dije.

— La Virgen está tan ocupada escuchando a los enfermos y a la gente que necesita trabajo que puede pensar que tu Novena no es lo suficientemente importante —, me explicó.

— Pero el Padre nos dijo que todas las Novenas eran respondidas —, insistí.

— Puede que lo sean, pero nunca he oído que nadie pida dulces —. Me dio una palmadita en el hombro y me dijo que me fuera a jugar.

— Apuesto que piensa que no voy a conseguir mis dulces —, pensé. Su explicación no consiguió minar mi confianza. De hecho, me hizo estar aún más decidida a demostrar que podía estar equivocada. — Es sólo un retraso en los resultados —, me consolé.

Aquella tarde, mamá me pidió que pagara la factura semanal de la compra cuando volviera del colegio. Nunca me gustó ir a la tienda porque el señor Willinger siempre estaba de mal humor y murmuraba: — Ahora quédate ahí hasta que te saque el pedido —.

Tenía la sensación de que no le gustaba nadie ni se fiaba de nadie, sobre todo de los niños. Tardaba mucho en contar y volver a contar los billetes. Mamá ya tenía todos los billetes contados y la cantidad exacta de dinero en el sobre.

Cuando entré, varios clientes se me habían adelantado. Me quedé de pie delante del mostrador de dulces, esperando mi turno. Todos los dulces que quería estaban detrás de la vitrina.

Por fin llegó mi turno. El ritual de contar y comprobar los billetes comenzó como de costumbre. Cuando terminó y me devolvió los billetes con el sello de "PAGADO", me di la vuelta para marcharme.

— Espera un momento —, me dijo mientras me dirigía a la puerta, — hoy tengo algo para ti —. Metió la mano bajo el mostrador y me dio un pequeño bote de mostaza de rábano picante. Las letras azules de la etiqueta decían "**MUESTRA GRATIS**". — Puede que a tu madre le guste probar esta nueva mostaza en toda la mortadela que compra —. Para mí, su expresión rozaba la burla mientras me entregaba el tarro.

Mayo estaba a punto de terminar y yo esperaba con impaciencia las vacaciones de verano. Hacía ya más de dos meses que había hecho la Novena. Cada mañana, cuando iba a la iglesia, le recordaba a la Virgen que seguía esperando los dulces.

Una mañana, me desperté con olor a regaliz en la habitación. Miré rápidamente debajo de la cama y en la mesita de noche... ¡NADA!

— Tal vez la Virgen siga curando a la gente y encontrando trabajo para los demás. Le daré más tiempo —.

Era viernes, el último día de colegio, y yo estaba ansiosa por llegar a casa para jugar. Mi madre me recibió en la puerta y me pidió que pagara la cuenta de la compra.

— Pero no me toca a mí —, objeté mientras me entregaba el sobre.
— Quizá hoy no tarde mucho —, murmuré mientras pateaba piedritas en el callejón de grava que había por el camino.

No había clientes cuando entré en la tienda. Le entregué el sobre al Sr. Willinger y empecé a inquietarme mientras esperaba. Me devolvió las copias selladas casi de inmediato. Cuando estaba abriendo la puerta para irme, me llamó: — ¡Un momento! —.

Molesta, volteé y pensé: "¿Y ahora qué, otra tonta muestra gratis?".

No dijo ni una palabra mientras metía la mano debajo del mostrador y sacaba un pequeño saco marrón. Abrió la caja de dulces, tomó tres jawbreakers y los dejó caer en el saco. Los tres palitos de mantequilla de cacahuete fueron los siguientes. Tuvo que llegar hasta la parte delantera de la caja para coger las paletas y los caramelos de menta. Hizo una pausa y, por un momento, pensé que se disponía a cerrar la caja, pero se apresuró a estirar la mano a un lado de la caja y sacó el regaliz de cuerda antes de cerrar la puerta. Me entregó la bolsa llena y me dijo:

— Toma, he pensado que a tus hermanos y a ti les gustaría comer algunos dulces —.

— ¿Le ha pedido la Virgen que me dé estos caramelos? —, le pregunté con un sentimiento de sorpresa.

Su rostro se cerró como si guardara un secreto; y luego, sonrió al responder: — Claro que sí —.

Corrí hasta casa. Sin aliento por la emoción, golpeé la bolsa de dulces contra la mesa de la cocina y grité:

— ¡MI NOVENA FUNCIONÓ! ¡MI NOVENA FUNCIONÓ! Sabía que la Virgen había escuchado mi oración —.

Mi madre me escuchó mientras le contaba cómo había hecho la Novena. Sopesando toda la estructura de los acontecimientos, dijo:

— ¿No es extraño que el Sr. Willinger sea tan generoso? Le debes haber encontrado en uno de sus raros momentos de buen humor —.

— Yo no —, respondí mientras fruncía los labios con satisfacción. — La Santísima Madre debió hacerlo —.

# El Mensajero

Cuando mis pies tocaron el suelo aquella fría mañana de octubre, sentí mi cuerpo como un bloque de plomo que me oprimía el corazón. Toda mi fuerza y mi resistencia habían desaparecido. Mi respiración agitada me hizo caer de espaldas en la cama. En mi centro de verdad, sabía que algo andaba muy mal.

Llevaba dos semanas con fiebre y la garganta irritada. Pasaba de sentir calor un minuto a sentir frío al siguiente. Probé muchos remedios: limonada caliente, pastillas para la tos y aspirinas, pero ninguno me alivió de forma duradera.

Temblaba entre sollozos y gritaba. — ¡Mamá! ¡Mamá! —. Cuando noté mis tobillos hinchados. Eran el doble de su tamaño normal.

— Te vas a poner bien —, me animó mamá, endulzando su voz, con la esperanza de consolarme después de sentir mi miedo y ver mis tobillos hinchados. Me tomó la temperatura y me dio un abrazo tranquilizador. — Llamaré al Dr. Reinbold en cuanto abra su consultorio. Es un médico nuevo en la ciudad y me han dicho que está al tanto de las últimas novedades médicas. Él sabrá qué hacer —. Me abrazó y me prometió: — Todo va a salir bien. Ahora déjame prepararte el desayuno —. Pero la comida era lo último en lo que pensaba.

Más tarde, aquel sombrío lunes por la mañana, después de que mamá hablara con el médico y le contara mis síntomas, él dijo que parecía fiebre reumática. Le dijo que vendría a verme esa tarde.

En la década de 1940, los médicos hacían visitas a domicilio en la pequeña ciudad de Aberdeen, Dakota del Sur, donde yo vivía.

Poco después de las cuatro de la tarde, me desperté sobresaltada cuando unos fuertes golpes rompieron el silencio de mi habitación. Era el médico. Era un hombre serio y apacible que me recordaba a mi tío favorito, Frank. Me cayó bien de inmediato. Su revisión confirmó que tenía fiebre reumática. Los antibióticos estaban en sus primeras fases de desarrollo y el medicamento milagroso en 1939 era la penicilina. Me explicó que, si me hubieran diagnosticado antes la faringitis estreptocócica, el sistema inmunitario habría dejado de atacar los tejidos de mi cuerpo. Yo estaba muy atenta, buscando en su cara cualquier signo de esperanza. Sólo me recomendó reposo en cama, penicilina y aspirina. Su principal preocupación era el daño cardíaco. Quedó en venir dos veces por semana para verme y ponerme inyecciones de penicilina.

No podía hacer otra cosa que arrastrarme fuera de la cama e ir al baño. Por insistencia de mamá, me levantaba varias horas al día para sentarme en el salón y cambiar de aires, lo que significaba mirar por la ventana los árboles sin hojas. El dolor crónico llega a ser agotador y deprimente. Dormir era una vía de escape a la que recurría la mayor parte del tiempo.

Mamá seguía animándome preparando mis comidas favoritas y convenciéndome para que comiera. Me ayudaba con las tareas de la escuela y me aplicaba linimento para aliviar temporalmente las articulaciones hinchadas.

No había ningún cambio, salvo la hinchazón y las palpitaciones que se desplazaban por mis articulaciones. Unos días eran las muñecas; otros, las rodillas, los codos o los hombros.

Después de dos meses de tratamiento, empecé a sentir picor y palpitaciones en el corazón. Sentía como si tuviera el corazón en la garganta. Un miércoles, poco antes de Navidad, vino el médico para su visita habitual. Tras el examen, percibí su preocupación.

— Te has vuelto alérgica a la penicilina y a la aspirina, tengo que suspendértelas. Hay una nueva loción en la farmacia diseñada para relajar los tejidos y hacerte sentir más cómoda —.

Sacó su libreta para anotar el nombre y se la entregó a mamá mientras salía de la habitación y cerraba la puerta. Él y mamá se quedaron hablando en el pasillo. La resonancia de su voz era tan clara que no me resultó difícil captar lo que estaban diciendo.

Le dijo que uno de mis compañeros había muerto el domingo por la noche y que él también tenía fiebre reumática.

— Siento mucho que se pueda hacer tan poco. Ahora está en manos de Dios —, suspiró.

Cuando todos se acostaron, repasé mis quince años de vida. Pensé en mi familia y en todas las cosas que compartimos. Pensé en mis dos mejores amigos y en los secretos que nos tomábamos tan en serio guardar. Pensé en no haber podido viajar nunca y visitar nuevos lugares. Lo más lejos que nunca había estado de casa fue cuando me alejé catorce millas de la ciudad para visitar a la familia de mi tía, que vivía en una granja. También pensé en cantar en el coro de Apolo. No sabía leer música, pero me habían seleccionado por mi afinación suave de contralto. El profesor me había elegido para hacer un solo en el programa de Navidad, y parecía un objetivo que no iba a poder cumplir.

Crecí en una estricta familia católica alemana. Durante mis primeros ocho años, asistí a la escuela católica St. Mary. Ahora, estaba en el noveno grado de una escuela secundaria pública.

Debido a mi educación protectora, fue todo un cambio para mí. Me había acostumbrado a que los alumnos permanecieran en la misma aula todo el día con una monja que cubría todas las asignaturas. En el instituto, teníamos que ir a distintas aulas con distintos profesores. Los alumnos cortaban los pasillos yendo de una clase a otra. Las monjas nunca habrían tolerado sus travesuras o insolencias.

Mi mayor temor desde el día en que supe que tenía fiebre reumática era morir y seguir teniendo un pecado que no había confesado. Tuve mucho tiempo para revisar mis acciones y pensamientos pasados.

Iba a la iglesia todas las mañanas, a misa los domingos y me confesaba todos los viernes. Estaba programada con tantos "no debes" que creía que incluso fantasear con el chico que se sentaba a mi lado en Geometría, con las pestañas largas y el pelo rubio rizado, se consideraría un pensamiento impuro. Es más, eso podría significar tiempo en el purgatorio o tal vez en el infierno.

Cuando pienso en aquella época, no culpo a nadie ni a nada, simplemente formaba parte de mi experiencia de aprendizaje. Tardé algunos años en desprenderme de todos los conceptos erróneos que me enseñaron. Leí en alguna parte que el optimismo es un hábito de pensamiento. Con la práctica, se convierte en algo tan automático como parpadear. Esta es mi forma de percibir las cosas hoy.

Sí, he rezado pidiendo perdón mientras rezaba mis oraciones matutinas y vespertinas, pero la duda persistía. Tal vez, sólo tal vez, estaba condenada a morir, concluí.

Deprimida y sin querer ser una carga más para mi familia, reuní el valor y la determinación suficientes para decir en voz alta:

— Muy bien, estoy preparada para morir. No me importa si tengo que pasar algún tiempo en el purgatorio si creen que he pecado. QUIERO MORIR... ¿me oyen? ¡QUIERO MORIR AHORA! —, exigí con resignación.

## Alguien me escuchó

Un joven rodeado de un resplandor de luz casi cegadora apareció a los pies de mi cama. Me recordaba a las estampas de santos que las monjas repartían a los alumnos cuando sacábamos buenas notas. Un aire de serenidad, amor y paz que irradiaba de él hizo desaparecer todo temor a su presencia. Supuse que era un santo que venía a llevarme al cielo.

— ¿Qué le hace pensar que ha llegado su hora de morir? Está aquí para lograr mucho en esta vida, y aún no ha empezado —. La calidez de su sonrisa resonó en su mensaje. — Más adelante en la vida, se sentirá inspirada para escribir y compartir sus experiencias para que otros puedan aprender de ellas —.

— Hay un propósito para cada alma — continuó — y un día lo entenderá. ESTÁ CURADA —, dijo antes de desvanecerse.

— ¡Mamá! ¡Mamá! —, grité emocionada. Minutos después, ella estaba en la habitación, temerosa de que tuviera otra pesadilla. Tomó el termómetro de la mesita de noche.

— No, no. Estoy curada, estoy curada. Me dijo que estaba curada —, repetí mientras le contaba lo de la visita. Me invadió una sensación de fuerza y mi desesperación desapareció.

Después de calmarme, apartó las mantas para mirarme las rodillas, tan hinchadas aquella mañana. Nada había cambiado.

— Pero dijo que estaba curada —, repetí débilmente.

— Acabas de tener un bonito sueño y, por supuesto, pronto te curarás —, me dijo mientras enderezaba las sábanas. Me sugirió que tomara un poco de chocolate caliente. — Te ayudará a descansar —.

Negué con la cabeza y dije que no.

En los primeros minutos después que mamá se fuera, me sentí extrañamente distante. Luego empecé a contar mis respiraciones, preguntándome cuál sería la última. Por fin pude dormir.

A la mañana siguiente me desperté con el aroma del café. Mamá, mi hermana y mi hermano pequeño estaban desayunando en la cocina. Mi padre, que trabajaba para el ferrocarril, estaba fuera la mayor parte del tiempo. Lo primero que hice fue levantar la manta para mirarme las rodillas. Estaban normales, al igual que el resto de mis articulaciones. Una oleada de energía recorrió mi cuerpo mientras me ponía la bata para reunirme con mi familia.

— Hoy quiero regresar a la escuela —, anuncié al entrar en la cocina. Todos me miraron como si hubieran visto un fantasma.

Mamá se acercó y me llevó al dormitorio.

— Déjame llamar al médico a ver qué opina —.

— Mira, no hay hinchazón ni fiebre —. Intenté convencerla de que estaba bien.

Después que mamá llamara al médico, éste dijo que quería venir a verme antes que volviera a la escuela. Mientras esperaba esta visita, empecé a planear lo que me pondría y a preguntarme si las tareas de la escuela en casa que entregaba serían suficientes, para no tener una mala calificación. Mi hermana me había traído a casa las lecciones de clase.

Esa tarde vino el médico. Me examinó a fondo, palpándome las articulaciones que ayer estaban tan sensibles e hinchadas. Cuando terminó de examinarme el pecho, la espalda y el corazón, se quitó el estetoscopio. Cuando volvió a guardarlo en su maletín, una expresión de intenso asombro se reflejó en su seriedad.

— Supongo que la fiebre siguió su curso, pero tiene el corazón agrandado y puede tener problemas con él cuando crezca. Que vuelva a la escuela si quiere —.

Me curé.

## Mi visitante reaparece

En 1970, mientras tecleaba reflexiones personales sobre la importancia de una actitud positiva en la vida diaria y hacía hincapié en que nunca hay fracasos, sino sólo un retraso en los resultados, tuve la sensación de que alguien me observaba.

El mismo Mensajero que apareció treinta y dos años antes, cuando tuve fiebre reumática, estaba ahora de nuevo en mi presencia. Esta vez le rodeaba un grupo de maestros que sostenían libros y pergaminos.

Estaba escribiendo mi primer libro, *¿Lo quieres? Lo tienes*.

Mi mente dio un salto cuántico al pasado. No se intercambiaron palabras, sólo un mensaje telepático.

— No está haciendo lo que ha venido a hacer —.

Respiré hondo, entrecortadamente y dejé de teclear. Me sentí inspirada para plasmar su presencia en el papel.

La suma de mi experiencia en el dibujo y el arte era una sola clase a la que había asistido durante seis semanas un verano. La clase se reunía una vez a la semana y me había llevado todo el curso dibujar y pintar un cuadro. Tomé un bloc de notas de mi mesa y empecé a dibujar. El tiempo se detuvo mientras empezaba febrilmente.

Eran más de las diez de la noche cuando empecé a escribir. Soy una persona nocturna y rara vez me acuesto antes de las dos de la madrugada. Estaba en tal estado de excitación y creatividad que no sentí cansancio.

La realidad volvió con la luz del sol matutino que se colaba por las persianas. Eran más de las 6 de la mañana y, en media hora, la familia se levantaría. Los niños se preparaban para ir al colegio y mi marido para ir a trabajar.

Cuando todos se fueron aquella mañana, intenté irme a la cama. Todavía estaba demasiado nerviosa para dormir y el deseo de transferir mis bocetos a un material más grande empezó a darme la lata. La urgencia era tal que me levanté y me dirigí al garaje para ver si había algo que pudiera utilizar.

Encontré un panel del tamaño perfecto y medio galón de látex blanco. Con colorante alimenticio y cacao en polvo, creé los colores que necesitaba. Nunca se me ocurrió ir a una tienda de materiales de arte a comprarlos. Estaba demasiado ansiosa por empezar. Con un lápiz de grafito, esbocé la figura en el panel de 30 x 48 pulgadas. Tuve la sensación de que alguien me ayudaba con cada pincelada hasta completar el panel.

Hoy en día, este panel sigue colgado en mi centro, donde imparto clases de autoconciencia y también puede verse en la portada de este libro.

A lo largo de los años, los ánimos y los encuentros con este Mensajero continúan. Comparo esta relación con la de la serie de televisión *Highway to Heaven (Autopista hacia el cielo)*. Como Jonathan, el protagonista interpretado por el difunto Michael Landon, yo también he sido enviada por todo el mundo para ayudar a la gente a ayudarse a sí misma.

*NOTA: Consulte el capítulo* **Dos misiones** *para conocer algunas de las aventuras a las que Helene fue llamada.*

Las recompensas al final de mis misiones, que incluyen la alegría y el placer de ayudar a los demás, son más sustanciales que las recompensas monetarias.

Lo más importante que he aprendido en estos setenta y siete años es que nunca estamos solos.

# En Contacto Con Otros Reinos

# EL EXTRAORDINARIO JOSÉ SILVA
## MI QUERIDO AMIGO

— Debes venir a Fort Worth conmigo para escuchar a un hombre de Laredo —, ordenó mi amiga Susan con lo que pretendía ser una voz de autoridad.

— Va a dar una conferencia introductoria gratuita — continuó — sobre un programa que llama CONTROL MENTAL SILVA. He oído que estuvo en Amarillo la semana pasada y me han dicho que es <u>imprescindible</u> conocerlo —.

Susan es lo que mis amigos llaman una mariposa metafísica, que va de clase en clase. Su entusiasmo era contagioso. Cuando oía hablar de un conferencista o de un libro sobre metafísica u ocultismo, lo estudiaba brevemente. Buscaba respuestas sobre sí misma, la vida y el Universo.

Estoy eternamente agradecida a Susan por haberme impulsado a asistir a esta conferencia introductoria sobre el CONTROL MENTAL. El hombre, **JOSÉ SILVA**, no sólo tenía un **MENSAJE**, sino que tenía el **MÉTODO** para que cada uno de nosotros encontrara sus propias respuestas. Después de escuchar a José, mi búsqueda de respuestas había terminado.

Cuando José subió al escenario ante una sala abarrotada aquel domingo por la tarde de nuestro primer encuentro, tuve la impresión de que no le interesaban las cosas sin importancia de la vida. Era un hombre hecho para el heroísmo. En los años setenta, uno tenía que estar decidido a resistirse a las críticas de personas con mentalidades inamovibles. Aunque pensaba que las religiones organizadas y la comunidad científica eran su mayor oposición, la actitud de José era: "Algún día verán el mérito de cómo la mente y nuestro pensamiento controlan nuestras vidas. Debo seguir enseñando el CONTROL MENTAL a todo el que quiera escuchar".

Comenzó explicando cómo funciona nuestro cerebro y se refirió a las tablas de colores que me facilitaron el seguimiento y la comprensión. La única dificultad que tuve fue tratar de comprender cada palabra. Tenía un acento muy marcado y hablaba demasiado rápido.

Lo solucioné durante el primer descanso, cuando me acerqué a él y le sugerí que hablara más despacio. Me agradeció la sugerencia y continuó a un ritmo más lento.

— *Debes conocer mejor a este hombre* —, repitió una vocecita dentro de mi cabeza cuando terminó la presentación y empezó a preguntar al público si alguien tenía alguna pregunta.

Cuando todos terminaron con sus preguntas, me levanté y dije:

— Tengo una última pregunta: ¿le gustaría venir a Irving y cenar con mis amigos esta noche? —.

Todos rieron mientras respondía: — Gracias, sería un honor —.

Después que Jan, Barbara, Ann y yo subiéramos al Lincoln de Susan y nos dirigiéramos a casa, Susan dijo:

— Me alegra tanto que se lo hayas preguntado. Ahora podemos preguntarle un poco más —.

Cuando llegamos a mi casa, Susan, Jan y Ann se sentaron en el estudio y hablaron con mi marido. Bárbara y yo nos dirigimos a la cocina para preparar algo de comer.

Preparé mi siempre infalible cazuela rápida con atún, nueces de la India, patatas fritas, sopa de champiñones y queso rallado y la metí en el horno. Bárbara limpió y preparó una bandeja de verduras crudas.

Cenamos después que llegara José y luego nos sentamos en el estudio a escuchar a José hasta medianoche. Mañana era día de trabajo para las chicas, así que tenían que irse. Antes de irnos, Susan, Jan y yo nos ofrecimos a ayudar a José a organizar una conferencia en Dallas. Barbara y Ann dijeron que ayudarían siempre que pudieran, pero como ambas eran azafatas de avión, sus horarios serían más restrictivos.

Al día siguiente, José regresó a Laredo. Susan, Jan y yo nos pusimos a trabajar la tarde siguiente por teléfono, poniéndonos en contacto con los amigos metafísicos y de meditación de Susan. Más de sesenta personas asistieron a la conferencia introductoria. Treinta y cuatro se apuntaron a su primera clase en Dallas.

Cada vez que José venía a la ciudad, daba una conferencia introductoria y seguía con una clase. Estábamos muy ocupados.

Después de cuatro meses organizando programas y celebrando reuniones semanales en mi casa, a las que llamábamos el Grupo Cottage, Susan y Ann no pudieron seguir ayudándome. Susan tenía más responsabilidades en su trabajo y trabajaba mucho por las tardes; Jan empezó a viajar para la empresa en la que trabajaba. Eso me dejó sola.

Me convertí en la secretaria y relaciones públicas de José, una tarea enorme para una madre que se quedaba en casa. Pronto me di cuenta que estaba recibiendo mucha ayuda de otras dimensiones. Disfruté cada minuto.

Cada vez que José venía a dar una clase, nos invitaba a cenar a mi marido y a mí. Yo lo llamaba nuestro tiempo *para ponernos al día*.

Tras la conferencia introductoria, José ofrecía una clase que impartía en tres fases. Después de cada clase de dos días, nos animaba a practicar antes de pasar al siguiente nivel de formación. Por eso empecé los Grupos Cottage.

Acompáñenme en esta divagación. Cuando conocí al Dr. Joseph Murphy, sacerdote católico, escritor, conferencista y autor del libro *Los poderes de la mente subconsciente*, bromeé con él sobre el uso de los mismos antídotos en los muchos artículos y libros que había escrito. Su respuesta fue:

— A veces la gente tiene que leer o escuchar algo cuarenta y dos veces antes de que se le quede grabado —.

José era muy consciente de esto... por eso animaba a los graduados de Control Mental a repetir sus clases tantas veces como quisieran.

Los graduados de Control Mental Silva reciben una tarjeta que pueden presentar en cualquier otra ciudad o país para aprender de cualquier instructor de Control Mental. Pueden repetir la clase en cualquier lugar donde se imparta. Actualmente se imparten clases en ciento nueve países.

*NOTA: Actualmente se puede aprender EL MÉTODO SILVA, tanto en persona como en línea. Para más detalles, visite su página web: https://www.silvamethod.com/.*

José comenzó sus investigaciones sobre el control de las ondas cerebrales en Laredo, Texas, en 1944. Comenzó a enseñar en 1966.

Cada vez que José venía a Dallas a dar clases, me traía libros que le parecían interesantes.

— Hablaremos de ellos la próxima vez que venga —, me decía.

*Usted no es el objetivo*, de Laura Huxley, *El cerebro vivo*, de W. Grey Walter, y *Avance hacia la creatividad*, de Shafica Karagulla, eran algunos de los libros que comentábamos.

Pronto descubrimos que yo era buena enviando mensajes y José un excelente receptor. Cuando se corrió la voz sobre sus enseñanzas, lo invitaron a Austin, San Antonio, Houston y otros lugares de Texas. Yo no podía estar al tanto de su agenda, de dónde estaba o de dónde se le podía localizar. En aquella época no había teléfonos celulares.

En muchas ocasiones necesité localizarle para que acudiera temprano a un programa de televisión o a una entrevista para los periódicos locales. Ahora era noticia y la gente investigaba sus enseñanzas. Entonces utilizaba la telepatía para ponerme en contacto con él. Al cabo de una hora, se ponía al teléfono para preguntarme qué quería.

Pronto, hubo tantas peticiones para que José diera conferencias que comenzó una clase de formación de instructores para que su mensaje y sus métodos pudieran llegar a más gente.

Uno de estos primeros instructores fue Harry McKnight. El Sr. McKnight sigue activo con los programas y es el Maestro de Ceremonias en todas las convenciones internacionales que se celebran en Laredo cada agosto.

*NOTA: Cuando Helene escribió este libro, estaba recordando su viaje trabajando con José Silva y aquellos que conoció en el camino. En ese momento, la información que Helene impartió era exacta. Silva International ya no organiza convenciones.*

Una noche, unos siete meses después que empezó a enseñar en Dallas, José se me acercó con un sentido de convicción que pronto me di cuenta que era parte de su carácter Leo y me anunció:

— Me dicen que tú vas a ir a Chicago y abrirás esa área para que yo pueda ir a enseñar allá —.

Mi respuesta fue inmediata:

— Yo no. No me gusta volar y no tengo ni idea de por dónde empezar, así que puedes buscar a otro que haga ese trabajo —. Mi enfado era evidente.

José se enderezó con dignidad. Su expresión se aquietó y se puso serio, y todo lo que dijo fue: — Ya lo discutiremos —.

Yo sabía lo que significaba "Ya lo discutiremos". Mi marido y yo utilizamos la frase con nuestros hijos a lo largo de los años. Para nosotros, significaba "Asunto cerrado".

Aquella tarde, cuando mi marido volvió del trabajo, yo seguía disgustada, pensando en lo que José me había preguntado.

— ¿Puedes creer que José piensa que voy a ir a Chicago para abrir esa zona para que dé clases? Sabes que odio volar y no sabría ni por dónde empezar. Le dije que lo hiciera otro —.

— ¿Cuántas veces has tomado su curso de CONTROL MENTAL? —, preguntó mi marido. Él sabía que yo asistía a todas las clases cuando José estaba en la ciudad. Era mi trabajo estar allí. Me sentaba al fondo de la sala. Por lo tanto, debían de ser al menos diez veces.

— ¿Y eso qué tiene que ver? —, respondí bruscamente, decepcionada porque esperaba algo de apoyo por su parte.

— Mucho —, me explicó. — ¿Por qué no pones en práctica lo que te han enseñado y encuentras una solución? Y, por cierto, ya es hora que superes tu miedo a volar —, sonrió con picardía.

## En Contacto Con Otros Reinos

Mi lado infantil afloró, así que dejé el tema y empecé a poner la mesa. Pensé seriamente en ello el resto de la noche, pero no volví a sacar el tema.

A la mañana siguiente me dirigí a mi sillón favorito para ponerme a pensar seriamente en cómo podía encontrar una solución. Sé que probablemente esté pensando en este momento: "Nos dijo que el Control Mental la ayudó a encontrar respuestas, así que ¿por qué no lo utiliza?".

Buena pregunta... No tengo una respuesta para todo, pero para esta pregunta, mi excusa es... No estaba pensando. Me dejé llevar por la "fiesta de la lástima" y me asusté por la GRAN responsabilidad. ¿Por dónde empezar? ¿Qué hotel elegir? ¿Y la publicidad?

Como les he dicho antes, he sido ama de casa durante los últimos veintinueve años y dependía de mi marido para tomar decisiones. Ahora me decía que tomara esta decisión yo sola. Me sentí abandonada, asustada y herida.

Hoy, al recordar aquella época, me doy cuenta de que mi querido marido me estaba animando a ser independiente y firme, a tomar decisiones por mí misma.

Lo que ocurrió después fue un milagro.

— Alguien... en algún sitio tiene que ayudarme con el encargo de Chicago —, repetí esa frase en voz alta, con intensidad y determinación, casi diez veces antes que...

El fuerte timbre del teléfono me devolvió al ahora.

— Tengo mi respuesta. Tengo mi respuesta —, repetí mientras me dirigía a contestar la llamada.

Esperaba que José me dijera que había encontrado a otra persona para ir a Chicago.

¡ERROR!

— ¿Habla la señora Hadsell? —, preguntó la voz en la línea.

— Ella habla —.

— No me conoce —, dijo ella. — Mi nombre es Mary Green. Vivo en Chicago. Acabo de leer un artículo sobre su éxito al presentarse a concursos y ganar todos esos premios. Su historia está en la revista The Woman de este mes, pero no estoy interesada en concursar —.

Continuó: — Quiero saber más sobre el control mental que se mencionaba en el artículo y dónde puedo tomar la clase. Me fascina saber cómo pudo utilizar las técnicas para acelerar la curación después de su accidente automovilístico —.

Después que ella hizo una pausa, esperando mi respuesta, me serené y, con voz profesional, le contesté:

— Mary, se supone que debo ir a Chicago a inaugurar el área para que se puedan ofrecer clases de Control Mental. Tengo que encontrar un lugar de encuentro adecuado, poner un anuncio en el periódico y concertar una fecha —.

— Oh, no tiene que venir. Yo haré todo eso por usted. Trabajo en relaciones públicas para una importante empresa de calzado. Conozco los hoteles, conseguiré tarifas razonables y pondré anuncios en el periódico —. Su entusiasmo era evidente cuando continuó: — Incluso conseguiré gratis sus habitaciones para dormir y los recogeré en el aeropuerto —. Me quedé en blanco, asombrada y temblorosa, mientras ella continuaba.

— Soy miembro de la Iglesia de la Unidad —, siguió. — Esta congregación es uno de los pocos grupos de mente abierta que he conocido desde que me mudé aquí hace tres años. Cuando les diga que Control Mental dará una conferencia introductoria, estoy segura que llenaremos la sala —.

Sólo se detuvo lo suficiente para recuperar el aliento y aproveché la oportunidad para ofrecerle:

— Le enviaré un cheque por el depósito de la sala y el anuncio. Avíseme cuánto es —.

— No hace falta; podemos ocuparnos de eso cuando llegue —. Después de conseguir su dirección y número de teléfono, le di las gracias y colgué.

Estaba muy emocionada, aliviada y sorprendida. Llamé a mi marido a su oficina. No me puse en contacto con José hasta que todos los preparativos para la inauguración de Chicago estuvieron terminados. ¿Sabe lo que dijo José?

— La Inteligencia Superior me dijo que recibirías su ayuda. Y, por cierto, deberías ir a Chicago y superar tu miedo a volar. Hay mucho trabajo por delante que requiere volar —. Me dio la impresión que después de colgar el teléfono exhaló un largo suspiro de alivio de satisfacción y dio las gracias a la Inteligencia Superior.

Harry McKnight fue enviado a Chicago para inaugurar e impartir la clase. Yo también fui a regañadientes. José planeaba seguir y enseñar la siguiente clase en una fecha posterior. Mary hizo un trabajo magnífico. Se convirtió en secretaria del área, ayudando a Harry hasta que José dirigió su clase. Gracias a Dios no tuve que volver a ir…

No voy a decirles que perdí inmediatamente el miedo a volar; no fue así. Utilicé todos los trucos mentales que conocía para engañarme a mí misma.

Me sentí aliviada de que la inauguración de Chicago hubiera terminado. Ahora, de nuevo, me conformaba con quedarme en Texas.

Pero no duró mucho. Dos meses después, José volvió a acercarse a mí. Esta vez me dijo que iba a abrir la zona de Detroit.

— Oye, espera un momento —, declaré. — ¿No has leído el periódico? Hay disturbios en las calles y tienen toque de queda a las diez de la noche —.

Me miró inquisitivamente un momento y contestó:

— Me dicen que el momento es ahora, así que hay que hacerlo —.

¿Quieren saber cuál fue mi primer pensamiento después que me lo dijera? ¿Recibiré otra llamada telefónica que vendrá a rescatarme y harán todo el trabajo preliminar para que yo no tenga que ir?

No, no fue así. Esa misma tarde, mientras tomaba las inscripciones de las personas que se inscribían para tomar Control Mental, un graduado me preguntó si José todavía ofrecía becas a monjas y sacerdotes.

— Por supuesto —, respondí.

— Mi primo es un sacerdote de Detroit y está de visita. Vino conmigo esta noche con la esperanza de poder asistir a la clase después de hablarle de ella —, me explicó.

La idea de que mi ayuda <u>ya era un hecho</u> se congeló en mi cerebro.

Durante el primer descanso, le ofrecí al cura café y galletas y le dije que tenía que ir a Detroit. Ni siquiera tuve que pedirle ayuda; estaba entusiasmado. Se ofreció voluntario para conseguir la sala, poner los anuncios en el periódico e invitar a los miembros de su iglesia a la conferencia introductoria.

Podría escribir dos libros sobre los "milagros" que ocurrieron mientras trabajé con José. La ayuda inesperada siempre estaba ahí y nunca dejaba de sorprenderme. La ayuda del otro lado estaba ahora conmigo TODO EL TIEMPO cuando se trataba de promover las clases.

José tenía razón sobre mi forma de volar. Durante los siguientes veinticinco años, viajé por todo el mundo en misiones. Hoy me siento más segura en un avión que en un coche.

Si hoy me preguntaran qué es lo más importante que aprendí de José, tendría que ser lo siguiente:

Si quiere servir a sus semejantes, debe **CONTACTAR CON OTROS REINOS** para que le ayuden. Estoy segura de que conoce las frases:

- Pida y recibirá.
- Llame y la puerta se abrirá.
- Busque y encontrará.

Una frase sencilla que repito hasta el día de hoy cuando doy conferencias, escribo o aconsejo a la gente es: "*Permíteme ser un canal para ayudar a la gente a ayudarse a sí misma*". Entonces me siento y dejo que las cosas pasen.

Antes de concluir este capítulo, hay un incidente que quiero compartir con ustedes. Ocurrió mientras José daba una clase en Dallas.

Uno de los estudiantes de la clase era el gerente de un restaurante de comida rápida. Ese domingo por la noche, después de la clase, el gerente fue directamente a su negocio para contar los recibos del fin de semana para el depósito del lunes. (Era una época en la que los locales cerraban a las 10 de la noche).

Descubrió que la caja fuerte de su oficina había sido forzada y estaba vacía. Inmediatamente llamó al hombre que había quedado al cargo y, como le habían dicho, efectivamente había cerrado la caja fuerte. De hecho, otro empleado había estado presente cuando se cerró. A continuación, me llamó asustado y me pidió que llamara inmediatamente a José y le preguntara quién había robado el dinero.

— Ay, si puede decirme quién lo hizo, llamaré a la policía y haré que detengan a esa persona. Piensa en toda la publicidad que recibirá José —.

— Estoy bastante seguro de saber quién es el ladrón —, me dijo cuando le pregunté si tenía alguna idea de quién creía que podía ser. — Contraté a un cocinero hace dos semanas y, por alguna razón, no me fío de él. Apuesto a que fue él quien robó el dinero —.

Me puse en contacto con José y le conté lo sucedido. La solución de José a todo lo que surgía mientras trabajaba con él siempre me sorprendía.

— No necesitamos demostrar que somos videntes, ni publicidad. Necesitamos ayudar a enmendar un error de esta situación. Ponte en contacto con tu Grupo Cottage y diles que proyecten al ladrón: 'El dinero que tomaste no te pertenece legítimamente. Por favor, devuélvelo'. Yo también pediré que lo devuelva —, me aseguró.

Había acordado con los estudiantes que asistían a las sesiones semanales del Grupo Cottage que, en caso de emergencia, nos pondríamos en contacto para ayudarnos mutuamente. Las veinte o más personas nos enviaríamos energía curativa o un mensaje telepático en caso necesario.

Me puse al teléfono y llamé a tres personas. Ellas, a su vez, llamaron a otras tres hasta contactar con cada uno de los miembros de la clase. Después llamé al gerente y le conté lo que José había sugerido. También le dije que se pusiera en contacto mentalmente con el ladrón y le pidiera que devolviera el dinero. Parecía decepcionado, pero prometió que no llamaría a la policía hasta la mañana siguiente.

El lunes a las 8 de la mañana recibí la llamada que me alegró el día. Era el gerente.

— Sra. Hadsell, acabo de llegar para abrir la tienda. Siempre utilizo la entrada trasera, y cuando abrí la puerta mosquitera, había dos sacos de papel marrón llenos de dinero entre las puertas. La cantidad de dinero supera lo que solemos ingresar los fines de semana. ¿Cómo sabía José que pasaría esto? —.

— Tendrá que preguntárselo cuando venga a dar la próxima clase—.

Cuando colgamos, me puse en contacto con José y el Grupo Cottage para darles la buena noticia. El gerente seguía pensando que el cocinero era el ladrón. Sin embargo, el cocinero acudió a su turno esa misma mañana y actuó como si no hubiera pasado nada. Nuestro proyecto era que devolvieran el dinero y se cumplió.

Hay muchas frases y palabras valiosas que todos los graduados de Control Mental practican en sus experiencias diarias de aprendizaje. Un atributo de los graduados de Control Mental es que nunca aceptan una limitación como un PROBLEMA; es simplemente un PROYECTO que espera ser resuelto. Una frase que escuchará a menudo de los estudiantes es "¡CANCELAR! ¡CANCELAR!" cuando dicen, piensan o escuchan algo negativo. Además, sabrá que está con un graduado en Control Mental cuando le pregunte: "¿Cómo está?". Su respuesta es invariablemente: "Cada vez mejor".

La relación que José y yo compartimos duró treinta años. Durante este tiempo, José y yo charlábamos cada pocos meses hasta que hizo su transición el 7 de febrero de 1999. Tenía ochenta y cinco años. Esta alma humilde y dedicada tocó tantas vidas con su sabiduría que hoy su obra sigue viva a través de sus hijos, libros y cintas.

En Contacto Con Otros Reinos

Dondequiera que estés, José, quiero darte las gracias de nuevo por ser un canal para ayudar a la gente a ayudarse a sí misma. Tu misión en esta vida ha elevado la conciencia de millones de personas.

# En Busca De Respuestas

*He aquí que cuando una persona muere*
*Su alma vuelve a la tierra*
*Otra madre le da a luz,*
*con un nuevo disfraz de carne,*
*Con miembros más robustos y un cerebro más brillante*
*El alma vieja vuelve a tomar el camino.*
**John Masefield**
(1878-1967)

La noche en que nació mi hijo Dike y la enfermera lo puso en mis brazos, miré sus penetrantes ojos marrones y una aversión instantánea, casi hasta el odio, se apoderó de mí. ¿Sería porque había esperado tanto para nacer? Según la fecha de su concepción, debería haber nacido el 3 de diciembre. Llegó el 4 de febrero, pesando siete kilos. El médico que lo atendió dijo:

— Los niños nacen cuando están preparados", así que no indujo el parto —.

¿Qué me pasa? me preguntaba a lo largo de los años mientras continuaba mi aversión por Dike. Leí libros de psicología y recé en busca de una respuesta. Me daba vergüenza contárselo a alguien o buscar ayuda psicológica. En los años cuarenta, ir al psiquiatra significaba estar loca.

Dike era nuestro segundo hijo. Nuestra primogénita era una niña. Dos años después de Dike, tuvimos un tercer hijo. Disfrutaba de mi papel de madre y quería a mi hija y a mi hijo pequeño. Me obligué deliberadamente a tolerar a Dike. La persistente pregunta de por qué no superaba mi actitud negativa hacia él seguía atormentándome. Ninguna racionalización o análisis me ayudaba.

En 1965, cuando Dike cumplió diecinueve años, empecé a interesarme por la hipnosis, la autoconciencia y la percepción extrasensorial. Mi marido compartía este interés. Empezamos a tomar cursos y a asistir a clases. Una de las clases era sobre el recuerdo de vidas pasadas. El instructor, un jovial cincuentón de ojos azules claros y sonrisa juvenil, creía que todos los pensamientos e impulsos del mundo están grabados en los Registros Akáshicos.

Muchos creen que la Sala de Registros Akáshicos está en otra dimensión. Todas las personas del mundo están archivadas. Sus acciones, pensamientos, palabras y experiencias están todas registradas. Cuando uno hace un recuerdo de vidas pasadas, la información se obtiene de estos registros.

— Es como consultar una biblioteca de consulta —, explicó. Para hacernos una demostración, pidió un voluntario. Utilizando el método de relajación hipnótica, pidió al voluntario que cerrara los ojos y se relajara.

— Ahora aleje de la mente todas las impresiones externas y empiece a concentrarse en la visión interior —. A continuación, pidió al voluntario que eligiera una vida que estuviera relacionada de algún modo con su vida actual. — Tal vez tenga miedo, odio, ira, dolor o cualquier emoción fuerte que no pueda comprender —, le indicó.

— Quiero saber por qué tengo tanto miedo al agua y a ahogarme. Ni siquiera voy a pescar con los chicos del trabajo —, explicó.

Después que el instructor le indujera una técnica de relajación contando lentamente de diez a uno, le sugirió que entrara en un estado más profundo.

El voluntario compartió su experiencia. — Mi barco de pesca está siendo arrastrado mar adentro por un fuerte viento. El barco se está volcando y yo intento agarrarme, pero me resbalo —. De repente chilló mientras levantaba los brazos en el aire como si intentara nadar. — No puedo respirar, no puedo respirar —, jadeó.

— Sólo está observando. No hace falta que experimente —, le sugirió tranquilamente el instructor. — Ahora voy a contar de diez a uno. Cuando cuente uno, abrirá los ojos y se sentirá bien —.

Cuando el voluntario abrió los ojos, sacudió la cabeza como si despertara de un mal sueño.

— Su miedo a ahogarse bien podía ser un remanente de una experiencia traumática pasada —, nos dijo. Otros dos voluntarios fueron sometidos a regresión. Los tres tenían emociones no resueltas que afloraron durante la sesión.

— Si un incidente emocional proviene de una vida pasada, ¿conocer la causa resuelve el problema? —, pregunté.

— Muchas veces sí, pero a algunos les lleva tiempo. Les sugiero que repitan mentalmente esta frase cuando se enfrenten al miedo, la ira o cualquier emoción que no puedan comprender. 'Esto fue en el pasado. Me niego a vivir en el pasado'. Poco a poco, el problema se resolverá —, explicó.

Tardé varios días en atreverme a experimentar por mi cuenta. Mi marido me había comprado una bola de cristal varias semanas antes, después de asistir a una conferencia sobre el fenómeno de la visión cristalina. Me propuse a sentarme y mirar dentro de la bola cada mañana cuando estaba sola en casa. Algunos días me parecía ver figuras, otras veces aparecía algo escrito y una vez me pareció oír hablar a alguien. "Qué imaginación", fue mi reacción general. Sólo compartí mi proyecto de investigación con mi marido.

— Puede que necesites más práctica, así que no te desanimes —, me dijo.

Después de casi una semana de contemplar cristales, ocurrió algo que me dio un susto de muerte. Acababa de sentarme en mi sillón favorito y puse la bola en la bandeja del regazo, como de costumbre. Antes de empezar a relajarme y concentrarme, oí una voz fuerte que decía: — *¿Todavía eres un Tomás que duda?* —.

Sinceramente, pensé que había alguien en la habitación. Incluso me levanté y miré en el pasillo, pensando que había alguien ahí fuera.

— Esto no me está funcionando. Quizá esté haciendo algo mal —, me dije. Fui a buscar la tarjeta de la vidente que había dado la conferencia sobre la bola de cristal. Había dicho que podíamos llamarla si teníamos alguna duda. Le conté mi experiencia y le pregunté si tenía alguna sugerencia.

— Puede que tenga un bloqueo o un miedo que le impida obtener respuestas. Créame, cualquiera puede obtener respuestas mirando a través del cristal. Puede que a algunos les cueste un poco más de práctica, pero nunca he tenido un alumno que no haya tenido éxito

—, me animó. — Le está haciendo una pregunta a la bola, ¿verdad? Si no lo hace, aparecen todo tipo de fragmentos de escenas inconexas —, me dijo.

— No he hecho preguntas. Simplemente supuse que empezarían a salir imágenes —, confesé tímidamente.

A la mañana siguiente estaba preparada. La primera pregunta de mi lista era obvia: ¿por qué sentía tal aversión por Dike? Para mi asombro, la bola empezó a nublarse. Al instante siguiente, empezaron a aparecer imágenes. La única forma en que puedo describir lo que ocurrió a continuación fue como si estuviera viendo una película.

Apareció una escena de campo de batalla y, de alguna manera, supe que estaba teniendo lugar en Rusia. A medida que se desarrollaba la escena, supe que yo era un muchacho de catorce años al que se le había encomendado la responsabilidad de ocuparse del fuego, la comida y los caballos cuando los hombres entraban en el campamento para descansar. El viento azotaba el campamento en la ladera de la montaña con un silbido continuo. El único refugio, que en otro tiempo podría haber sido la morada de un oso, era una pequeña cueva de un metro de alto y quizá metro y medio de profundidad. Me metía en ella cada vez que podía para resguardarme del frío cortante.

La siguiente escena comenzó con un caballo y un jinete que entraban en el campamento. Sabía que era el capitán y siempre temía su regreso. Era cruel y desagradable para los hombres que servían a sus órdenes. Exigiendo algo de comer, me ordenó que le quitara las botas.

Mientras estaba sentado en un tronco masticando pan y carne, empecé a forcejear para quitarle las botas de nutria forradas de piel de sus piernas hinchadas. De repente, la bota se soltó y yo resbalé hacia atrás, haciendo que la bota saliera volando de mis manos hacia un charco de agua fangosa. Al agacharme para recoger la bota y sacudir el agua antes de que el capitán se diera cuenta, sentí un fuerte pinchazo en el costado. El capitán me estaba dando patadas y gritando obscenidades. El dolor era insoportable, pero conseguí escapar corriendo hacia la cueva y arrastrándome todo lo que pude hacia el fondo.

Me agaché en posición fetal mientras la boca empezaba a llenárseme de sangre caliente. Me costaba respirar y me sentía mareado. Sabía que me estaba muriendo. Me quedé sin fuerzas y solté las mismas obscenidades que me había lanzado el capitán. Mis últimas palabras fueron: " ¡Lo odio... lo odio!".

Una sensación de bendita paz me invadió y todo el miedo, el odio y la agonía terminaron cuando la imagen se desvaneció del la bola de cristal.

El escenario pudo haber durado un latido, una hora o un año. Era eterno. Entonces, con la misma brusquedad, volví a ser consciente de que estaba en la habitación, en un entorno familiar. Sabía que el capitán de aquella vida era mi hijo Dike en esta vida. Negar mis sentimientos era inútil. Yo estaba allí. Yo era el niño. Oí el viento y sentí el frío. Sentí las patadas. Pasé el resto de la mañana anotando los detalles de la experiencia en mi diario.

Cuando mi marido llegó a casa del trabajo esa tarde, me preguntó con su saludo habitual:

—¿Y qué cosa emocionante pasó hoy? —.

— No me lo vas a creer —, le contesté.

— Inténtalo —, me animó. Sentados en el estudio, empecé a contarle mi experiencia con la bola de cristal. Escuchó con interés y, cuando terminé, sólo dijo: — Todo es posible —.

Por aquel entonces, Dike vivía en casa y estudiaba en una universidad local. Cuando llegó a casa aquella tarde, mi marido se levantó, lo agarró, le dio la vuelta y, jugando, le dio una patada en el trasero con la rodilla.

— ¿Qué hice yo para provocar eso? —, preguntó Dike.

— Eso fue por matar a patadas a tu madre hace muchas vidas, cuando eras capitán del ejército ruso. Ella sólo tenía catorce años... bravucón —. Sonrió mientras agitaba la mano en señal de despido.

— Bueno, si la hace sentir mejor, intentaré entenderlo —. Dike se encogió de hombros y, con un rastro de risa forzada, se encaminó hacia su habitación. Decidí no entrar en detalles sobre lo que había provocado todo esto. Él ya se refería a mí como "La Gran Mística" después de enterarse que tenía una bola de cristal y estaba experimentando con ella.

Después de ese episodio, mis sentimientos hacia Dike cambiaron. Incluso si eso hubiera ocurrido, ¿y qué? Eso fue hace muchas vidas y estamos viviendo en el AHORA.

Varios días después, una de mis amigas me llamó para compartir un PENSAMIENTO PARA EL DÍA que había leído en una de sus revistas. Aunque yo nunca había mencionado a nadie más que a mi marido mis experimentos con la bola de cristal, el proverbio resultaba extrañamente apropiado.

*Ayer es Historia*
*Mañana es un Misterio*
*Hoy es un Regalo*
*Por eso que se llama Presente*

## Coincidencia — Casualidad

En 1973 se presentó una oportunidad que me permitió obtener la confirmación de la escena que vi en la bola de cristal ocho años antes.

Acababa de regresar de Inglaterra, donde estaba investigando en salas de sesiones espiritistas para determinar la diferencia entre formas de pensamiento y apariciones. Durante una escala en Nueva York, llamé a una amiga que me patrocinaba cuando daba conferencias. Le hablé de mi investigación y me sugirió que participara en un programa de radio. Hizo los arreglos necesarios y pude hacer la entrevista desde mi casa en Texas.

Una persona de la Fundación de Parapsicología de Nueva York escuchó el programa. Se pusieron en contacto conmigo y me pidieron que presentara una ponencia sobre mi investigación en el Primer Congreso Psicotrónico que tendría lugar en Checoslovaquia. Acepté.

*NOTA: La Fundación de Parapsicología todavía existe y se puede encontrar en https://parapsychology.org/.*

Nuestra primera parada fue Praga, donde conocimos a nuestros anfitriones y colegas. Nuestra siguiente parada fue Leningrado y después Moscú. Las dos semanas que pasamos entre médicos, científicos y colegas investigadores en metafísica fueron uno de los muchos momentos culminantes que he tenido el privilegio de vivir.

Antes de volver a casa, tuvimos una tarde libre para visitar algunos de los palacios convertidos en museos. Me impresionaron los detalles utilizados para mostrar los periodos de la historia rusa. Había mucho que ver y nuestro guía se apresuraba a explicar las exposiciones en la parte delantera del museo. Era casi la hora de cerrar cuando decidí seguir por mi cuenta el resto de la visita.

Mi instinto me llevó directamente a una vitrina situada en el extremo opuesto del museo. La vitrina mostraba la figura de un soldado ruso sentado en un tronco. A su lado había un par de botas forradas de nutria. Sus penetrantes ojos marrones se clavaron en los míos. Su rostro con cicatrices, su tez colorada y su complexión fornida me impresionaron. Era mi hijo, sentado en el tronco, exactamente como luce ahora.

El asombro me sacó la sangre de la cabeza mientras me agarraba a la barandilla que protegía la exhibición.

— ¡Dios mío! —, murmuré. Era la misma escena que había aparecido en mi bola de cristal ocho años antes.

En Contacto Con Otros Reinos

# NACÍ LIBRE

*Nací libre, tan libre como sopla el viento*
*Tan libre como crece la hierba*
*Nací libre para seguir tu corazón*
**John Barry & Don Black**

Me desperté con la letra de esa canción. Sonaba tan fuerte que encendí la luz y me senté en la cama para buscar el origen. El reloj de la mesita de noche marcaba las 2.30. En la habitación que ocupaba en el hotel no había radio ni interfono, así que ¿de dónde venía la música? Tal vez era sólo un sueño, racionalicé. Después de apagar la luz, no tardé en volver a dormirme.

Ese mismo viernes, 31 de mayo, llegué a Salem, Massachusetts, para hacer una reseña de mi libro *¿Lo quieres? Lo tienes*.

El sábado 1 de junio, día de mi cumpleaños, daría un taller sobre el autoconocimiento. La mujer que se puso en contacto conmigo había leído mi libro y me explicó que quería conocerme personalmente y saber más sobre la investigación que estaba realizando sobre la autoconciencia. También me dijo que enseñaba meditación y dirigía una clínica de curación alternativa.

El despertador me levantó a las 7:30 para recordarme que me esperaba un día ajetreado. Durante la pausa para comer, mi patrocinadora me invitó a su casa a un buffet después del programa. Acepté.

Cuando nos acercamos a la entrada de su casa esa tarde, era obvio que era bastante rica. Subí los cinco escalones hasta la puerta de madera adornada, la abrió y me condujo a una habitación al final de un largo pasillo.

La habitación era a la vez sencilla y sobrecogedora. Cuando entré, todos los presentes cantaron "Feliz cumpleaños". La habitación estaba decorada con una mesa de buffet en la que había un surtido gourmet y una tarta que debía de medir medio metro. Pero no fue la mesa lo que atrajo mi atención, sino los dos pianos que había en medio de la sala.

De repente, una llamativa figura vestida con un largo vestido azul y apoyada en un bastón de cabeza plateada se dirigió hacia nosotros. A pesar de su edad, seguía teniendo el pelo rojo y abundante. Lo llevaba en dos pliegues sueltos, como alas, a ambos lados de la cara. Su alta frente, sobre la recta nariz griega, era como de alabastro. Los años habían ahuecado un poco sus mejillas, pero ni el paso del tiempo, ni los conflictos, ni el dolor habrían podido alterar aquella boca firme y aquella barbilla decidida.

— Esta es mi madre, de ochenta y dos años, concertista de piano —, dijo mi anfitriona a modo de presentación. — Tocaba con la Orquesta Filarmónica. El piano blanco fue un regalo de Francia, que recibió después de un concierto allí —, explicó mi anfitriona con orgullo. — Todavía toca... ¿Quiere escuchar alguna canción? —, me preguntó.

Su madre me miró atentamente un momento, se volteó y, sin esperar mi respuesta, se dirigió al piano. Después de ponerse cómoda, golpeó las teclas con tal intensidad y determinación que las ventanas empezaron a vibrar. Un escalofrío me recorrió la espalda mientras escuchaba embelesada cómo tocaba,

Nací libre, tan libre como sopla el viento

Tan libre como crece la hierba...

Cuando terminó la pieza, se bajó del banco y caminó hacia nosotros. Me pareció ver la estela de una sonrisa en su rostro mientras se acercaba. Dirigiéndose a su hija, habló con el tono pausado de una anciana que hacía días que no usaba la voz y dijo:

— Sé lo que tiene que oír —.

Le di las gracias por su actuación y, mientras la veía salir, una vocecita dentro de mi cabeza me recordó que había estado cuestionando la ley del KARMA y me preguntaba si aún me quedaba algo por equilibrar. Ese día tuve la respuesta, no una, sino dos veces. Mi karma estaba equilibrado y hoy era el primer día del resto de mi vida.

— Qué maravilloso regalo de cumpleaños —, pensé, mientras tarareaba: — NACÍ LIBRE... Tan libre como sopla el viento... —.

# En Contacto Con Otros Reinos

# El Increíble Paul Twitchell

Fue Susan, mi amiga la "Mariposa Metafísica", quien me habló de Paul Twitchell. Después de leer su libro *El Colmillo del Tigre*, se puso en contacto con Paul para pedirle que viniera a Dallas a dar una conferencia sobre ECKANKAR, la antigua ciencia del viaje del alma.

Esto fue a principios de diciembre de 1968, cuando yo estaba interesada en estudiar temas metafísicos. Susan me dijo que necesitaba al menos veinte personas para formar una clase y que el precio sería de 50 dólares por estudiante.

— Todo lo que Paul quiere es cubrir el boleto de avión, el hotel y un lugar de reunión —, me dijo.

De ninguna manera iba a pagar tanto dinero por una clase de dos horas. Además, no había leído el libro de Twitchell y, ¿qué era Eckankar?

*NOTA: Puede obtener más información sobre Eckankar en https://www.eckankar.org/.*

Todo lo que Susan sabía de Paul Twitchell era por su libro. Cuando habló con él, Paul le dijo que él era una persona muy reservada. Quería ir directamente al hotel después que ella lo recogiera en el aeropuerto. También le indicó que no planeara ninguna reunión social.

— Vengo a dar clases de filosofía el sábado por la mañana y tomo un avión después de la clase —, le informó.

Ella se sintió decepcionada porque le gustaba tener reuniones sociales, sobre todo con cualquiera que diera conferencias y enseñara temas metafísicos, para poder "aprender de él".

Supongo que Paul tuvo un cambio de planes ese sábado por la tarde, después que Susan se encontrara con su avión. Mi marido y yo estábamos en el estudio, viendo la televisión, cuando sonó el timbre de la puerta principal.

— Me pregunto quién vendrá tan tarde. Son más de las nueve —, comenté mientras nos levantábamos y nos dirigíamos a la puerta para ver quién era. Miré por la mirilla y vi a Susan de pie con un hombre.

Cuando abrí la puerta para que Paul Twitchell entrara en mi casa y en mi vida, aprendí muchas cosas. Apariciones, formas de pensamiento y volverse invisible fueron sólo algunas de las cosas que este MAESTRO compartió conmigo.

La característica más sobresaliente de este hombre de 1,70 m, bien vestido, que llevaba la tradicional camisa planchada con corbata, eran sus ojos azules celestes, penetrantes y de mirada profunda.

Inmediatamente comenté:

— ¿Le han dicho alguna vez que cuando lo miran a los ojos, pueden ver para siempre? —. La brillante sonrisa de Paul hizo que sus facciones se suavizaran de inmediato.

— Debí haberle avisado; Helene dice las cosas como las ve. De hecho, le dijo a uno de los ponentes que hablara más despacio la primera vez que lo escuchó —, le dijo Susan a Paul mientras caminábamos hacia el estudio.

— ¿Y sí habló más despacio? —, preguntó Paul mientras un destello de humor cruzaba su rostro.

— Claro que sí. La verdad es que me alegré, porque a mí también me costaba entenderle. Tenía un acento muy marcado —.

— ¿A alguien le apetece un café o un aperitivo? —. Pregunté después que todos estuvieran sentados.

— Para mí sólo té —, contestó Paul.

Sabía que el último fetiche alimentario de Susan eran los frutos secos, las hierbas y las semillas. Tenía una provisión de girasol, calabaza y nueces de la India para que comiera.

Susan empezó a contarle a Paul mi trabajo con José Silva y en qué consistía el programa. Mi marido y Paul escuchaban. Yo intentaba averiguar quién era la persona descalza, alta, sonriente y de rostro moreno que estaba de pie detrás de la silla de Paul. Sus grandes ojos negros eran irresistibles, magnéticos, llenos de estrellas cambiantes. Empecé a inquietarme, a moverme en la silla, pensando en las luces y sombras que debían de estar jugando con mis ojos.

Paul volteó a verme y me preguntó: — ¿Hay algo que le inquieta?—.

— Pues sí, mi mente debe de estar sobrecargado. Me parece ver a un gigante a su lado —.

Había un rastro de risa en la voz de Paul cuando contestó: "Es Rebazar Tarzs".

— ¿Y quién demonios es Rebazar Tarzs? —.

— Es mi maestro. Tiene su ashram en el Himalaya. Si le molesta, le diré que se vaya —.

— Lo único que me preocupa es por qué Susan y mi marido no pueden verlo —.

— No es importante si uno no puede ver en la dimensión del alma. Sentirán una presencia y muchas veces recibirán un mensaje si buscan sinceramente respuestas —, explicó Paul. — La conozco. Tenemos algunos conocimientos e intereses comunes —.

— Pero no sé absolutamente nada de Eckankar y la ciencia del viaje del alma me es completamente ajena —, le informé.

— Mi intención no es reunir adeptos. Mi propósito es recordar a los alumnos lo que saben a nivel del alma. Serán guiados y conducidos a Eckankar para repasar lo que olvidaron —. Pareció alejarse por un momento mientras explicaba.

Después que Susan y Paul se marcharan aquella noche, mi marido se dirigió a mí y me dijo:

— Este tipo es realmente sincero. Me gustaría saber más sobre lo que hace. Vayamos a su clase mañana —.

Todo lo que puedo decir sobre lo que ocurrió durante esa clase de dos horas al día siguiente es que la información procedía del nivel del alma. Después de la clase, creo que todos estábamos en otro espacio.

— Pronto tendrá noticias mías —, fueron las palabras de despedida de Paul cuando nos fuimos. De camino a casa, mi marido y yo teníamos mucho de qué hablar.

Pensé que Paul sólo estaba siendo educado cuando dijo que tendría noticias suyas. Se acercaban las fiestas y la Navidad era siempre un gran acontecimiento familiar, así que yo estaba ocupada con asuntos mundanos.

Era Nochevieja y mi marido y yo volvíamos a casa desde Dallas, donde habíamos asistido a una de las reuniones sociales de Susan. Las carreteras estaban resbaladizas, la visibilidad era escasa y el puente elevado al que nos acercábamos tenía una capa de hielo. Un Corvette derrapó contra nuestro coche y lo siguiente que supe fue que me estaba ahogando en mi propia sangre. En lo único que pensé fue en la técnica que aprendí en Control Mental. Oí a alguien decir: — *Se puede detener la hemorragia* —.

En este momento, no es necesario entrar en detalles sobre mi experiencia de aprendizaje. Tuve una recuperación extraordinaria. Escribí sobre ello en mi libro *¿Lo quieres? Lo tienes*.

La mañana siguiente al accidente, mientras estaba en el hospital, llegó una carta por correo a casa. Era una nota personal de Paul. Todo lo que decía era: "La noche que estuve en su casa, fui consciente del accidente de automóvil que iba a sufrir. Ya estaba en marcha y no pude hacer nada para evitarlo. Se pondrá bien".

Mi segundo encuentro con Paul fue en Las Vegas. Estaba asistiendo a una clase con el Dr. William Jennings Bryan Jr., presidente del Instituto Americano de Hipnosis sobre el Lenguaje Corporal. Susan asistía a la reunión mundial de Eckankar. Susan y yo teníamos una habitación juntas. Ella fue a su reunión y yo a la mía.

*NOTA: El Instituto Americano de Hipnosis ya no existe, aunque se pueden encontrar en Internet algunas ediciones usadas de los libros y publicaciones del Dr. Bryan.*

Paul llamó a mi habitación cuando supo que estaba en Las Vegas. Dijo que tenía a alguien con quien debía reunirme. Esa noche nos reunimos en el comedor y me presentó a Brad Steiger. Brad estaba escribiendo la biografía de Paul titulada *En mi alma soy libre*, que se publicó en 1968.

A lo largo de los años, me encontré con Brad con frecuencia. Fuimos ponentes en seminarios por todo el país. Brad es un escritor excelente. La última nota que recibí de él fue en 1995. Hasta la fecha, ha escrito más de cien libros.

Después que Brad se excusara, Paul y yo tuvimos mucho tiempo para "ponernos al día", especialmente sobre la vez que se me apareció una mañana "sólo para hablar".

— Asumí la misión de hacerle saber que se le pedirá que ayude, anime y explique situaciones a personas que aún no son conscientes —, me explicó durante nuestro encuentro en Las Vegas.

Al año siguiente, tuve numerosas ocasiones en las que él simplemente aparecía. Era un intercambio mental, pero era como si estuviera en la misma habitación que yo. Cómo me hubiera gustado que mi marido y Susan hubieran podido experimentarlo a él y a su cuerpo anímico.

Una de las ocasiones en las que Paul apareció fue la mañana en la que yo estaba tomando el té después que mi marido se fuera a trabajar. Varias noches antes, había asistido a una clase en la que el conferencista decía a la audiencia que todos teníamos guías, consejeros y ángeles guardianes. Llevó al grupo a una meditación para presentarles a sus guías personales.

Cuando Paul apareció, me dijo que antes que acabara el día, yo utilizaría la siguiente información.

Tendría que decirle a alguien que cuando oyera una voz o viera a un guía, consejero o ángel, debía discernir, discernir y discernir. Debía informarles que eran bromistas del mundo invisible que jugaban malas pasadas a personas ingenuas y vulnerables. A algunas personas que eran profundamente religiosas, se les aparecía la Virgen María y les decía algo que debían hacer.

— Adviértale a esa persona que una aparición proveniente de una inteligencia superior NUNCA le diría a nadie lo que debe hacer —. En la cuarta dimensión, hay mucha Ilusión teniendo lugar. Muchas veces, es una combinación de una forma de pensamiento que ellos crearon y luego usaron como excusa para un asunto que no fueron capaces de enfrentar en ese momento. — Esto es lo que le ha ocurrido a la persona con la que se va a contactar hoy —, me dijo antes de marcharse.

No recibí ninguna llamada durante el día, ni me sentí inclinada a llamar a nadie. Cuando mi marido llegó del trabajo aquella tarde, le conté textualmente lo que Paul había hablado aquella mañana. Le propuse que fuéramos a visitar a su madre. Sabía que, si el mensaje que había recibido de Paul iba dirigido a otra persona, ya me pondría en contacto con ella. Seguramente no era para su madre. Tal vez iba dirigido a Bonnie, la estudiante universitaria a la que daban habitación y desayuno gratis para que la madre de mi marido no estuviera sola por la noche.

Muchas veces, durante las visitas, Bonnie estaba allí, así que la conocíamos bastante bien. Supuse que el mensaje era para Bonnie. Seguí esperando a que Bonnie apareciera antes de irnos a casa esa noche. Finalmente apareció, pero sólo un minuto para recoger algo. Dijo que iba a comer pizza con unos amigos y que volvería más tarde. Me decepcionó.

De camino a casa, le decía a mi marido lo decepcionada que estaba por no haber podido hablar con Bonnie. Estábamos saliendo de la autopista cuando me di cuenta que pasábamos por delante del centro comercial donde una pareja que había conocido la semana pasada en una conferencia dijo que tenían su restaurante de café y barbecue.

— Gira aquí —, le indiqué con entusiasmo. — Tengo una invitación para parar a tomar un café con una simpática pareja dueña de ese restaurante —.

— Todo el lugar está cerrado. No hay luz en ningún sitio —, dijo mi marido.

— Ve a la parte de atrás. Probablemente todavía estén allí. No me importa si son más de las once. Sé que están ahí —.

Había un coche estacionado junto a la puerta de su restaurante. Cuando llamamos a la puerta y contestaron, suspiré aliviada. Sabía que esas personas iban a ser las destinatarias del mensaje de Paul.

Mientras tomábamos café, les pregunté casualmente:

— ¿Conocen Eckankar? Conocí a Paul Twitchell, el fundador que está formando a estudiantes en la ciencia del viaje del alma y me dijo algo que no puedo olvidar —.

Entonces empecé a repetir textualmente lo que Paul había dicho aquella mañana. Mientras hablaba, noté que la pareja se miraba. Ella agachó la cabeza y empezó a jugar con un medallón de una cadena que llevaba, pero ninguno dijo una palabra. Les dimos las gracias por el café y, antes de irnos, el marido nos condujo a la puerta; abrió la nevera y nos entregó un paquete de costillas de un kilo y medio.

— ¿Tienen idea de lo que acaba de pasar? Alguien debe haberlos enviado. Lo que nos has contado tiene mucho sentido. Mi mujer está recibiendo mensajes de la Virgen María diciéndole que me deje, que el sexo es sucio y muchas de sus sandeces la están poniendo en mi contra. Ella no me creía, pero cuando usted se lo dijo, pude ver que tenía sentido para ella. Siente una gran admiración por usted desde que la escuchó en una conferencia hace varios meses —.

— ¡WOW! — fue todo lo que pude decir mientras conducíamos de vuelta a casa. Hoy SÉ qué decir, cuándo decirlo y a quién decírselo. Aprendí bien la lección, gracias a la ayuda de Paul.

Volvamos otra vez a aquella noche en Las Vegas. Después que Brad se marchara y Paul y yo empezáramos a intercambiar experiencias, sus alumnos nos interrumpían constantemente. Algunos querían que Paul les autografiara sus libros; otros sólo querían hablar de su trabajo en clase. Empezaba a ser una molestia.

— Vayamos a mi habitación para continuar esta conversación —, le propuse.

— Tengo una idea mejor —, dijo Paul en tono de broma desenfadada, — hagámonos invisibles —.

— Tiene que estar bromeando... bueno, tal vez no —, añadí. Había leído *Descubrimientos psíquicos tras el telón de acero*. Los autores hablaban del famoso Wolf Messing, buscado por Hitler para espiar a otros países durante la guerra. Nunca lograron capturarlo. Se decía que Messing podía hacerse invisible a voluntad.

— Deséalo, niña, y sucederá —, fue la única indicación que dio Paul. Lo único que sé es que, durante la hora siguiente, más o menos, mientras estuvimos hablando, no tuvimos más interrupciones.

Antes de irme, le pregunté cómo explicar cómo funcionaba.

— Será mejor que vuelva a leer su libro. Está utilizando el poder de la concentración y esta pequeña hazaña debería resultarle fácil —. Tenía razón. Tuve que utilizarlo constantemente durante los dos meses y medio que estuve trabajando en Perú.

La siguiente vez que vi a Paul en persona fue cuando lo invitaron a Dallas a dar un seminario para sus alumnos. No pude estar en su reunión. José Silva estaba en la ciudad enseñando Control Mental y yo seguía trabajando con él.

Esa noche, después de estar en casa, Susan me llamó y me dijo que Paul quería verme.

— ¿Puedo traer a algunos amigos? —, sugirió.

— Claro —, respondí.

Cuando llegaron varios de los alumnos que habían asistido a la clase de Paul ese día, se reunieron en el estudio. Paul me llamó aparte y me preguntó si podíamos hablar en privado. Lo llevé a mi despacho.

— Estoy agotado. Sólo quiero descansar —, dijo mientras acomodaba su cuerpo en el sillón reclinable tamaño king que utilizo para los clientes cuando vienen a sesiones de regresión. En un minuto, sus ojos se cerraron. Lo cubrí con una manta y salí de la habitación para reunirme con el grupo de Susan. Estaba ansiosa por oír lo que ocurría en la clase. Estaban decepcionados porque Paul no se había unido a ellos, pero pronto se pusieron a compartir sus experiencias y todos se lo estaban pasando bien.

Varias horas más tarde, vi a Paul. Se incorporó al oír abrirse la puerta. Hablamos brevemente, ya que se estaba haciendo tarde. Recuerdo nuestra conversación como si estuviera sucediendo ahora.

— Mi tiempo aquí está llegando a su fin. Sabe que estoy deseando dejar este cuerpo —.

— ¿Y Eckankar? ¿Quién tomará el relevo? —

— Eso dependerá de la inteligencia superior. Le presentarán la oportunidad a alguien que actualmente sea estudiante. Se harán cambios a lo largo de los años, ya que cada persona que asuma la responsabilidad tendrá sus propias ideas que desee expresar —. Suspiró como si de repente se hubiera quitado un gran peso de encima.

Era nuestro último encuentro. Mi responsabilidad trabajando con José Silva y el inicio de la docencia como agente libre me mantuvieron tan ocupada que perdimos el contacto.

Así es la vida. La gente va y viene. A medida que nos encontramos con caras y lugares nuevos, nuestras experiencias de aprendizaje continúan. A lo largo de los años, he conocido a muchas almas hermosas. Paul Twitchell fue una de esas personas.

## En Contacto Con Otros Reinos

# TELEPATÍA MENTAL

Tras abrocharme el cinturón, cerré los ojos y volví a repetir mentalmente este mensaje a Eileen Garrett: "Soy Helene Hadsell, sincera e interesada en su trabajo. Me gustaría asistir a su conferencia para conocerla personalmente".

Era el 12 de agosto de 1970. El vuelo nº 154 de Pan American salía de Nueva York. Nuestra primera escala sería Lisboa, Portugal. Mi marido y yo viajábamos con el Dr. William Jennings Bryan Jr. y un grupo de setenta y dos profesionales. Nuestro objetivo era visitar y estudiar en los centros de hipnosis del sur de Europa durante las tres semanas siguientes.

*NOTA: La Sociedad Europea de Hipnosis (ESH) está formada por cuarenta y cinco Sociedades Constituyentes en veintitrés países de toda Europa. https://esh-hypnosis.eu/.*

Varias semanas antes de salir de los Estados Unidos, mientras leía la edición corriente de la Parapsychology Review, me fijé en un artículo que hablaba de la 19ª Conferencia Internacional Anual que se iba a celebrar en Le Piol, St. Paul de Vence, Francia, del 2 al 4 de septiembre. Eileen Garrett, presidenta de la fundación, abriría su villa en Francia para los participantes invitados.

*NOTA: La Parapsychology Review (Revista) fue publicada bimensualmente desde 1970 hasta 1990 por la Fundación de Parapsicología para compartir noticias de individuos y organizaciones asociadas con la parapsicología; información sobre cursos, conferencias y becas; reseñas de libros y obituarios.*

Había leído mucho sobre la Sra. Garrett, una mujer que afirmaba poseer poderes de clarividencia, telepatía y previsión. Escritora, editora, médium de trance e investigadora psíquica, creó la Fundación de Parapsicología en 1951 para fomentar la investigación en el campo de la percepción extrasensorial. Trabajó con numerosas personalidades interesadas en lo paranormal.

Mujer adinerada por derecho propio, era muy generosa a la hora de ofrecer becas a personas que consideraba que podían aportar información en el estudio continuado de lo paranormal.

— Oh, si pudiera estar presente en esta sesión y conocer a Eileen Garrett. Sería una experiencia fantástica —, suspiré.

El artículo decía que asistirían dieciocho investigadores. Cuanto más pensaba en ello, mayor era mi deseo de asistir a la conferencia.

¿Por qué no escribir una carta a la Fundación en Nueva York? Podría explicarles mi interés por su investigación. Yo estaría en Europa en ese momento. Una de nuestras paradas era Niza, Francia. St. Paul de Vence estaba a menos de treinta kilómetros de allí. Mis expectativas se dispararon ante la posibilidad de estar tan cerca del lugar.

## El uso de la telepatía mental

Tras una sesión de pros y contras conmigo misma, descarté la idea de escribir una carta.

— No voy a darles la oportunidad de que me rechacen —, me dije.

— Claro, no tengo nada que ofrecer —, continué —. Cierto, no soy nadie en el campo de la percepción extrasensorial. Pero, después de todo, estaba haciendo un viaje a Europa para estudiar y ampliar mis conocimientos —, racionalicé.

Desde que tomé un curso de Control Mental Silva en el otoño de 1966, comía, dormía y no pensaba en otra cosa. Estaba decidida a averiguar todo lo que pudiera sobre el poder de la mente y la percepción extrasensorial.

Antes de este interés, tuve que usar el pensamiento positivo con concursos y sorteos. Había logrado un alto grado de éxito.

— ¿Por qué no enviar un mensaje mental a la Sra. Garrett? — me pregunté. Me entusiasmé con la idea y grité en voz alta: — ¡Lo haré! —. Faltaban cinco semanas para la conferencia. Habría tiempo de sobra. — Enviaré un mensaje mental cada vez que piense en ello —, me prometí.

Tras aterrizar en Portugal, empezó nuestra apretada agenda. Era como estar en una montaña rusa hacia España, Mónaco y luego Francia. Seguí enviando el mismo mensaje mental a la Sra. Garrett: "Soy Helene Hadsell, sincera e interesada en su trabajo. Me gustaría asistir a su conferencia para conocerla personalmente". Algunos días repetía el mensaje dos o tres veces.

Mi marido conocía mi interés por asistir a la conferencia y fue de gran ayuda. Hizo averiguaciones y planes provisionales con nuestro guía turístico para el viaje a St. Paul de Vence el 1 de septiembre. Nuestro último programa y reunión con el grupo de hipnosis sería en la Isla de Capri el 31 de agosto.

— Tengo toda la información necesaria. Sólo tienes que decirme con seguridad si quieres ir—, me recordaba casi a diario. — Necesitamos alojamiento en tren en condiciones firmes lo antes posible —, me explicó.

Yo seguía dando largas. Me sentía como en espera.

— Si pudiera tener una sensación positiva de que quiero ir —.

Todo lo que quería era un sueño o cualquier indicio de que este viaje paralelo sería fructífero. Nada llegó.

Continuamos nuestra agitada agenda por Suiza, Alemania, Austria e Italia. El sábado 29 de agosto estábamos en Roma. Acabábamos de regresar al hotel después de una reunión matutina de hipnosis cuando mi marido me recordó que debía tomar una decisión.

— Tienes que decírmelo hoy mismo. ¿Quieres o no quieres hacer el viaje a la conferencia? —

— ¿Cuánto costará? —, le pregunté. No sé por qué le pregunté por el costo del viaje. Quizá si me hubiera parecido demasiado caro, podría haber dicho: — Olvidémoslo —.

En cambio, me aseguró: — Olvídate del costo. Si quieres hacer el viaje, lo haremos —.

— Pero, ¿cuánto costará en dinero americano? —, insistí.

Echó un vistazo a la libreta que sacó del bolsillo y contestó.

— Por los dos boletos de tren, sólo serán $88,80 dólares americanos. No te preocupes. Sólo toma una decisión hoy —.

Sabiendo que teníamos la tarde libre para hacer turismo, usé un último recurso.

— Demos un paseo y tomemos un tranvía después de comer, te prometo que cuando volvamos te daré mi respuesta —.

Aceptó a regañadientes.

## ¿Casualidad o encuentro con lo paranormal?

El tranvía que buscábamos estaba a varias manzanas del hotel. Empezamos a caminar. Cuando bajé de la acera para cruzar la calle, me fijé en un objeto pequeño y cuadrado que yacía en medio de un alcantarillado lleno de hojas. Un segundo vistazo me dijo que era una cartera. La señalé. Cuando mi marido fue a recogerla, se me aceleró el corazón. Sentí que iba a estallar de emoción. Tardé varios segundos en serenarme. Entonces le dije tranquilamente:

— Cariño, no hace falta que lo abras. Ya tengo mi respuesta —.

Con expresión de asombro, empezó a mover la cabeza con incredulidad mientras contaba los billetes.

— No lo puedo creer —, respondió.

Los nuevos billetes sumaban 55.000 liras. También había monedas de messalira y de centésima. El contenido total sumaba exactamente 88,80 dólares estadounidenses. En el billete no había identificación ni nombre, sólo el dinero.

— Ponlo en la caja de los pobres de la iglesia o entrégalo a la policía —, le sugerí. — Estaré en la conferencia, así que haz la reservación —, afirmé ahora con seguridad.

El 2 de septiembre, a las 10.30 de la mañana, nuestro taxi se detuvo frente a la villa Garrett. La conferencia ya estaba en marcha. El conserje nos detuvo en la puerta y nos pidió que esperáramos mientras iba a llamar a alguien para que hablara con nosotros.

Cuando llegó el secretario, nos presentamos y mi marido le dijo que éramos de Texas, por qué estábamos en Europa y cuánto deseaba asistir a la conferencia y conocer a la Sra. Garrett.

Le explicó que él no tenía ningún deseo de asistir, sólo yo debía ser admitida.

El secretario le escuchó y luego, muy educadamente, le explicó:

— Siento que hayan tenido tantas dificultades para llegar hasta aquí, pero ésta es una sesión a puerta cerrada, sólo por invitación. Si hubieran escrito a la oficina de Nueva York, se los habrían explicado. Por qué sólo hay un asiento libre en la casa de verano donde nos reunimos —, añadió.

Al oír esto, lo interrumpí audazmente diciendo:

— ¿No lo sabe? Ese asiento es para mí —.

Con expresión perpleja, me miró como diciendo: "¿Qué eres, una loca?". Pero mantuvo la compostura.

Cuando lo pienso ahora, me doy cuenta de lo descarada que pudo haber sido. Entonces le hice esta sugerencia:

— ¿Podría hacer esto, por favor? Durante su próximo descanso, ¿le diría a la Sra. Garrett que Helene Hadsell está aquí? —.

Nuestro taxista conocía bien el lugar y nos sugirió que nos alojáramos en una villa turística cercana. El secretario conocía bien la villa. Varios miembros de la conferencia se alojaban allí. Me prometió que me llamaría durante el almuerzo para informarme lo que dijera la Sra. Garrett.

Poco después del mediodía, recibí esta llamada.

— Sra. Hadsell, no sé quién es usted ni qué ha hecho, pero la Sra. Garrett insiste en que se una a la conferencia durante el resto de las sesiones —.

## Un mensaje recibido

Podría terminar aquí mi historia, pero no es aquí donde termina. Me uní a la conferencia para la sesión de la tarde. Me senté contra la pared, simplemente observando y escuchando. Varias miradas de los participantes me hicieron sentir incómoda. Parecía como si me estuvieran interrogando: —¿Qué hace aquí? ¿Quién es usted? —. A sus esposas ni siquiera se les permite asistir a la conferencia. No me presentaron y el secretario me informó que no debía interrumpir ni participar en los debates. Acepté su petición.

Mientras estaba allí sentada, ahora me preguntaba: "¿Por qué era tan importante para mí estar aquí?".

La Sra. Garrett estaba sentada en la cabecera de una mesa en forma de U. Aún no la conocía personalmente. La estudié atentamente y tuve la impresión de que sus pensamientos estaban a un millón de kilómetros de distancia. Observaba y escuchaba a los participantes mientras compartían sus investigaciones. No hizo comentarios ni preguntas.

La sesión terminó a las 5 de la tarde, volví a la villa donde nos alojábamos y me senté en el jardín con mi marido. Mientras le contaba el programa de la tarde y lo que habíamos hablado, nos interrumpió un señor que era participante invitado de la conferencia. Él, su mujer y su hija se alojaban en nuestra villa.

No conté a nadie los incidentes que me habían llevado hasta allí. Me sentía renuente a hacerlo. Le pregunté si la Sra. Garrett se encontraba mal de salud y me dijo que sufría de artritis y padecía grandes dolores constantemente. Tomaba medicamentos para aliviar las molestias.

A la mañana siguiente, me dirigí a la villa de los Garrett y tuve la suerte de ser la segunda en llegar. La Sra. Garrett ya estaba en el jardín. Era una oportunidad perfecta para conocerla y agradecerle que me permitiera asistir a los actos.

Cuando me acerqué a ella, me miró con expresión desconcertada y luego preguntó:

— ¿Quién es usted? —.

Me tomó por sorpresa un momento y luego respondí:

— Soy Helene Hadsell... —.

Antes que pudiera continuar, me miró lentamente y continuó.

— S... í..., Helene Hadsell, sincera e interesada en mi trabajo, quiere asistir a la conferencia y conocerme —.

¡Mi mensaje mental que había repetido me era devuelto ahora textualmente! "Qué fantástico", pensé. Realmente había recibido mi mensaje.

## Un futuro anunciado

Mientras hablábamos, le hablé de la famosa Clínica Internacional del Electro Sueño de Graz (Austria). Me impresionó mucho el método de curación y alivio de las molestias físicas, especialmente en la investigación del control del dolor de la artritis. Le sugerí que visitara la clínica porque estaba segura que podría beneficiarse de los tratamientos.

Se acercó, me dio unas palmaditas suaves en el brazo y me dijo:

— Gracias por interesarte por mi bienestar, pero estoy cansada. Cuando acabe esta conferencia, mi trabajo habrá terminado —.

No dijimos nada más. El resto de la conferencia transcurrió sin incidentes para mí. Conocí a los participantes durante las pausas para el café, pero no entablé relaciones duraderas ni hablé de cómo había llegado hasta allí.

Llegamos a casa el 6 de septiembre y me dejé llevar por la rutina diaria. Quería escribir una nota personal a la Sra. Garrett, dándole las gracias por permitirme asistir a la conferencia. Sin embargo, de alguna manera, sabía que no sería necesario.

El 15 de septiembre oí las noticias en la radio de mi coche. Eileen Jeanette Garrett había fallecido a la edad de setenta y siete años. En aquel momento se encontraba en Niza, Francia.

¿Era, como muchos han afirmado, la mayor médium, vidente y clarividente del siglo XX?

Para mí, no hay duda. Para mí, la respuesta es ¡SÍ!

En Contacto Con Otros Reinos

# Levitación
## Una Molestia

¿Alguna vez ha querido volar como Superman? ¿Quizás caminar sobre el agua como Jesús? ¿Se conformaría con levitar un poco? Sea cual sea su motivo, el mío era presumir para llamar la atención.

Sí, he levitado y no ha sido tan emocionante. Resultó ser una verdadera molestia. Créame, será mejor que deje la levitación para Peter Pan y la Monja Voladora.

El deseo de levitar me vino poco después de asistir a una clase de entrenamiento mental, el programa Silva de Control Mental. Empecé a practicar técnicas para utilizar mi mente de forma más productiva. No pasó mucho tiempo antes que empezara a lograr un éxito fenomenal en telepatía. Las corazonadas se hicieron realidad. La conciencia se intensificó. Llegué a ser capaz de saber cuándo la gente estaba enfadada, contenta, triste o mal y de responder en consecuencia.

En mi libro *¿Lo quieres? Lo tienes*, escribí sobre ser positivo en todas las áreas. Compartí mis técnicas con los lectores interesados en utilizar la visualización creativa y el pensamiento positivo para participar en concursos y sorteos. **Seleccionarlo, Proyectarlo, Esperarlo y Tomarlo** fueron mis claves para el éxito.

Pronto empecé a recibir invitaciones de iglesias, universidades y centros de concienciación de todo el país para dar conferencias y presentar talleres. Fue entonces cuando surgió la idea de levitar.

¿Por qué no hacerlo? Probablemente atraería a más gente a mis conferencias que a un servicio de Billy Graham. Podría demostrar a los escépticos y a los no creyentes que todo es posible. Todo lo que la mente puede concebir, lo puede lograr, razoné.

## Entrenamiento en un trampolín

Saltar en mi trampolín, obligándome a permanecer en el aire, se convirtió en un ritual diario. Mis esperanzas eran grandes, pero eso era todo. Seguía con los pies en el suelo.

"Quizá sea mi peso", pensé. "Quizá tenga que empezar una clase de yoga o meditar". No tardé en descartar el yoga. Las posturas resultaron imposibles, pero medité a diario.

Durante este período de preparación, leí la vida de Santo Tomás de Aquino, de quien se dice que levitaba. El "Buey Mudo" (como algunos de sus compañeros, en su ignorancia, le apodaban) pesaba más de ciento treinta y seis kilos. Así que no era, razoné, el peso lo que me mantenía con los pies en la tierra.

Un fin de semana, un compromiso de conferencias me llevó a Detroit. Después del programa, un señor mayor se me acercó; casi disculpándose, empezó a hablar.

— En realidad no quiere levitar, pero no creo que me crea hasta que le ocurra, así que le diré lo que tiene que hacer. Haga como si estuviera nadando a brazadas, pero con los brazos extendidos, así —, me hizo una demostración.

Me pregunté cómo conocía mi interés por la levitación. Al percibir mi pregunta, respondió:

— Tuve la sensación de que intentabas levitar cuando te vi en el programa de entrevistas. Algo me dijo que viniera a contarte mis experiencias levitando —.

Dijo que vivía en el campo y lo agradecido que estaba por todos los árboles de su propiedad porque podía utilizarlos para agarrarse cuando empezaba a levitar. Su única compañía, un perro cobrador, lo acompañaba en sus paseos diarios por el bosque.

— Mi perro se quedaba parado y esperaba a que yo pudiera equilibrarme. Qué fastidio... Ojalá dejara de hacerlo —, dice.

— Nunca — continuó — le he contado a nadie más que a usted lo de mi levitación. Sé que me considerarían un personaje trastornado —. Me pidió que no mencionara nuestra conversación a nadie. No me disuadió.

— Nunca hay fracaso. Sólo un retraso en los resultados —, me recordaba una y otra vez. Seguí practicando en mi trampolín y haciendo meditaciones diarias.

Varios meses después del incidente de Detroit, me desperté una mañana sintiéndome súper. No me verá usando la expresión "en la cima del mundo" porque últimamente tengo mucho cuidado con lo que pienso, digo o hago. Sintiéndome tan plena, equilibrada y agradecida por todas mis bendiciones, decidí asistir a los servicios matutinos en la capilla situada en los terrenos de la Universidad de Dallas, a poca distancia de donde vivía en aquel momento.

Cuando salí del coche y caminé cincuenta metros hacia la capilla, algo sucedió. Al mirar al suelo, me di cuenta que estaba debajo de mí: mi cuerpo flotaba a quince centímetros de altura. El camino hacia la capilla era cuesta abajo y no había árboles ni arbustos cerca. Me entró el pánico.

## Nadar en el aire

Entonces recordé lo que me dijo el hombre de Detroit y empecé a dar brazadas en el aire como si nadara. Me equilibré y empecé a avanzar hacia la capilla. Fijando mi mente en uno de los pilares que bordeaban la entrada, mi plan consistía en rodearlo con los brazos y volver al suelo. No perdí de vista el objetivo y no tardé en realizar la maniobra. Cuando volví apresuradamente a tierra firme, sentí un tremendo alivio. Seguí aferrada al pilar hasta que, de un tirón, las voces de los alumnos que llegaban a los servicios me devolvieron a la realidad.

"Gracias a Dios. Nadie me vio", pensé mientras me unía a los estudiantes y entraba en la capilla, lanzando un suspiro de alivio. Cuando terminó el servicio, esperé a que todos se marcharan antes de aventurarme a salir. ¡No se repitió! No ha vuelto a ocurrir.

## Flotar dormida

De vez en cuando mencionaba este incidente, normalmente en broma, a mis alumnos del centro de Alvarado, Texas, donde imparto clases de autoconciencia. Hace varios años, ocho jóvenes asistían a un taller de fin de semana. Una de ellas escuchó mi conferencia y animó a sus compañeras y amigas a venir a un retiro de fin de semana.

Cansadas tras un largo viaje, decidieron retirarse temprano para prepararse para las clases del día siguiente. Una de las chicas aún estaba en la biblioteca cuando me marché a mis aposentos. A la mañana siguiente, fue la primera en llegar al centro y, con un aventurado movimiento de cabeza, preguntó:

— ¿Sabe lo que vi, o creí ver, anoche? —

— Dana flotaba en el aire a medio metro por encima de su cama — contó —. Mi cama está al lado de la suya. Vaya sorpresa. Me quedé tan sorprendida que me paralicé por un momento. No quise despertarla por miedo a que se cayera. Todas las demás dormían, así que me senté en mi cama y me quedé mirando. Al cabo de unos quince minutos, volvió a bajar flotando y se dio la vuelta. No llegó a despertarse —.

Antes que pudiera contestar, Dana y otras chicas entraron en el centro.

— Dana, sí que me asustaste anoche flotando sobre tu cama. Temía que te hicieras daño si te despertaba —.

Dana se sonrojó, su miseria casi hasta el punto del dolor físico.

— Esperaba no volver a hacer eso… —, susurró.

— ¿De qué estás hablando? Cuéntanoslo —, clamaron las chicas. No habría paz hasta que Dana explicara el misterio.

Nos contó que, de niña, había visto a su madre flotar en el aire en numerosas ocasiones. A veces, mientras dormía la siesta en el sofá, el cuerpo de su madre se elevaba varios centímetros.

— Cuando yo tenía unos seis años, mi madre acababa de dar a luz a su séptimo hijo en casa. La pasó mal. La abuela vino a cuidarnos. Nos advirtió que no entráramos en la habitación de mamá porque necesitaba descansar —, explicó.

— Una noche, abrí la puerta para mirar en su habitación — continuó — El resto de la familia estaba viendo la televisión. Vi a mamá flotando hacia el techo. Me asusté mucho. Corrí a llamar a mi padre.

La abuela y él entraron corriendo en la habitación. Papá se subió a la cama y tiró de mamá hacia abajo mientras mirábamos —, agachó la cabeza y se estudió las manos para serenarse antes de continuar.

— Cuando papá se calmó — siguió —, nos explicó que el diablo quería arrebatarnos a nuestra madre —.

— Es una buena madre y, si todos rezamos, el diablo no podrá llevársela —, nos aseguró.

— La abuela ya estaba de rodillas, besando el rosario que siempre llevaba en el bolsillo — contó —. Desde aquella noche, antes de acostarnos y hasta que mamá se recuperó, rezamos el rosario. Papá y la abuela nos dijeron que nunca se lo contáramos a nadie. Les hicimos caso y prometimos que no se lo contaríamos a nadie —.

— La gente no lo entenderá —, nos dijeron.

— Nunca se lo había contado a nadie hasta ahora —, continuó.

— Cuando tenía ocho años — relató —, me dio varicela y tenía mucha fiebre. Recuerdo que fue poco antes de Acción de Gracias. Supongo que mi padre y mi madre pensaron que estaba durmiendo, pero oí a mamá decir: "Sí, se lo diré cuando se mejore" —.

— Varios días después — continuó —, mamá me dijo que yo flotaba como ella, pero que no me preocupara. Los ángeles cuidarían de mí porque era una buena chica. También me dijo que era la única hija suya que flotaba y que ése sería nuestro secreto —.

## La familia la mantuvo a salvo

— Tenía tanta confianza y admiración por mis padres y mi abuela que nunca sentí miedo. Creía lo que me decían y sentía que me protegerían y me mantendrían a salvo —, decía Dana.

— A veces — decía —, a lo largo de los años (después de irme de casa y tener mi propio apartamento), recordaba estas experiencias cuando veía una película descabellada o mi programa de televisión favorito, Star Trek. Inmediatamente las apartaba de mi mente porque pensaba que podrían volver a aparecer si me detenía en ellas —.

Todos se quedaron embelesados mientras Dana contaba su historia. Varias de las chicas parecían incómodas, así que decidí que era el momento adecuado para compartir mi propia experiencia de levitación.

— Hay gente que gasta miles de dólares en cursos para aprender a levitar —, les dije.

Sólo puedo teorizar por qué les ocurrió a Dana y a su madre. Tal vez en otra vida, dominaron el yogui. Quizá se desapegaron tanto del cuerpo que aprendieron a elevarse por encima de él.

— Desde luego, no soy ninguna experta en la materia —, expliqué.
— Pero de una cosa estoy segura: el Diablo no va a ir por ti si tienes este don —.

Mientras Dana escuchaba, su rostro empezó a relajarse. Enderezó los hombros y suspiró como si se liberara de una carga. Tal vez estaba practicando un nuevo tipo de levitación. Al eliminar el peso muerto de las falsas creencias impuestas en la infancia por unos padres bienintencionados, pero mal informados, su espíritu se elevaba literalmente ante nuestros ojos.

Aquella noche no hubo levitación y se durmió muy poco. Las chicas se quedaron despiertas para ver si Dana volvía a "flotar", pero se llevaron una decepción.

— Es importante que respeten a Dana y la honren guardando silencio sobre los acontecimientos ocurridos durante este retiro. Es su petición y su decisión —, informé a las chicas antes de su partida.

Han pasado varios años desde la última vez que vi a Dana. A principios de este año, recibí una llamada inesperada de ella. Conoció a un joven y van a casarse en un futuro próximo. Su padre falleció y su madre se volvió a casar. Desde el fin de semana que pasó en el centro, ha leído sobre la levitación y — entiendo todo lo que quiero —, me dijo.

Que ella sepa, no ha habido más levitaciones. Antes de despedirnos, nos reímos juntas y acordamos que nos alegraría seguir con los pies en la tierra, al menos en esta vida.

# Perder una Oportunidad de Oro

Mientras el avión despegaba, me acomodé en el asiento de felpa rojo descolorido y, de repente, me sentí demasiado cómoda. Tardé un momento en darme cuenta de por qué. Los ajustados pantalones beige que me había comprado dos semanas antes estaban rotos desde la cintura hasta la entrepierna. Por supuesto, esperaba perder dos kilos antes de hacer este viaje. No voy a decir que estoy gorda... supongo que estaba viviendo por encima de mis posibilidades.

Moviéndome de un lado a otro, preocupada por lo que podía hacer, observé que la mayoría de los pasajeros de la cabina eran hombres de negocios. Sólo había otras dos mujeres a bordo: la azafata y una mujer sentada delante. Yo siempre prefería sentarme en la parte trasera del avión, pero esta vez podría resultar un problema.

"Sin duda tengo un alfiler", pensé. Empecé a rebuscar en mi bolso. No encontré el alfiler de seguridad, pero sí mi bolígrafo favorito, que creía perdido para siempre, y dos paquetes de ketchup de mi última visita a un restaurante de comida rápida.

Después que el capitán apagara la señal del cinturón de seguridad, la azafata se acercó por el pasillo con refrescos y cacahuates. Me agarré a su brazo para que me prestara toda su atención, le conté mi situación y le pregunté si tenía un alfiler de seguridad o una sugerencia.

Se llevó la mano a la boca para contener la risa. Cuando se dio cuenta de lo avergonzada que estaba, dijo que preguntaría a la mujer de delante si tenía un alfiler. Volvió más tarde sin alfiler ni sugerencia.

Cuando el avión inició el descenso, el capitán anunció que habría una escala de quince minutos. Sin embargo, este es mi destino. Tras aterrizar, cuatro hombres se levantan para marcharse. Esperé antes de abandonar mi asiento.

Mi salida debió ser un espectáculo para la vista. Llevaba un maletín y un bolso mientras me agarraba los pantalones por la cintura. Ojalá no hubiera metido el suéter a juego en la maleta documentada. Eso sí que me habría ayudado.

Intenté cambiar mi actitud ante la situación, pero ni siquiera el "mañana será otro día" de Scarlett O'Hara o el más plácido "qué será será" parecían cambiar nada. Me sentía desesperada.

Apresurándome por el pasillo, con la boca tan seca que podría escupir algodón, mantuve la mirada baja. Finalmente llegué al último peldaño de la escalera y me dirigí al terminal. Al mirar hacia atrás, vi a dos pasajeros embarcando. Gracias a Dios, nadie miraba en mi dirección.

Me dirigí directamente al baño de damas con un pensamiento en mente. Seguro que habría un dispensador de toallas sanitarias. Con la toalla sanitaria suelen venir dos alfileres. Podría usar los alfileres para sujetarme la cinturilla hasta que recogiera mi bolso.

— ¡Oh, no! —, grité consternada al ver que habían forzado la caja de la pared. Estaba vacía.

Empecé a ponerme histérica y a cantar:

— ¿Qué he hecho yo para merecer todo esto? Señor, ayúdame, Jesús... —.

Alguien debió de oírme desde la dimensión invisible, porque me pareció oír una risita. De repente, me vinieron a la cabeza las palabras de la frase: *"Un caballo, un caballo, mi reino por un caballo"*.

— No necesito un caballo —, pronuncié, — ¡necesito un maldito alfiler! —.

— ¿Y ahora qué? —, pregunté mientras intentaba pensar en ello.

Cerrando los ojos, cruzando los dedos (e incluso las piernas), empecé a repetir:

— Lo único que necesito esta tarde es un alfiler... sólo un alfiler. Que mida dos centímetros y medio, ya que estamos en eso —. Lo repetí con tanta intensidad que me hice una imagen mental del alfiler.

## Perder una Oportunidad de Oro

Después de repetirlo al menos diez veces, por fin encontré el valor para abrir los ojos y mirar a mi alrededor.

— No puede ser, no puede ser —, chillé de alegría al descubrir el objeto brillante a mis pies. Al principio, me resistí a agacharme para cogerlo, pensando que podría estar alucinando. Realmente era un alfiler. Un alfiler grande, de los que salvan la vida. Juraría sobre una pila de Biblias de King James que el alfiler no había estado allí un momento antes.

Extasiada de alegría, me sujeté con el alfiler y di pequeños pasos mientras me dirigía a recoger mi bolso.

Cuando volví a casa, les conté mi dilema a mi marido y a mi hijo de dieciséis años. Mi hijo empezó a mover la cabeza con una sonrisa pícara cuando terminé de contarles mi experiencia.

— Mamá, si lo hubieras pensado un poco más antes de hacer tu petición, me habría impresionado de verdad —.

Desconcertada por su comentario, le pregunté:

— ¿Y qué habrías hecho tú? —

— Desde luego, no habría desaprovechado una oportunidad tan buena. Habría pedido una de oro macizo —.

## En Contacto Con Otros Reinos

# Vidas Paralelas

Trataré brevemente este tema de las Vidas Paralelas porque me es ajeno. Compartiré dos incidentes que me vienen a la mente y dejaré que ustedes juzguen.

El primer incidente ocurrió en el vestíbulo del Holiday Inn de Laredo, Texas. Corría el año 1987. Fui invitada a ser una de las oradoras principales en la Convención Internacional de Control Mental Silva. José y yo nos dirigíamos hacia la puerta para ir a almorzar cuando alguien llamó a José para que contestara una llamada de emergencia.

Un joven de un país extranjero se me acercó para decirme cuánto le habían gustado mi libro y mi presentación. Me dio su tarjeta de visita y leí que era un fotógrafo profesional que también hacía vídeos en bodas y fiestas.

Mientras leía la tarjeta, sacudí la cabeza y le dije divertida:

— Me da la impresión de que es arquitecto y muy bueno. Lo visualizo ante un tablero de dibujo, haciendo bocetos. En las paredes de la habitación hay fotos de su trabajo. Algunos edificios muy impresionantes, debo decir —.

Su rostro pálido se llenó de asombro.

— ¿Cómo puede saber lo que he estado soñando? —, preguntó mientras exhalaba un largo suspiro de alivio. — Ahora sé que puede explicarme de qué trata mi sueño —.

— Durante los últimos cinco meses — explicó —, he tenido un sueño recurrente que usted acaba de describir. Por la mañana, cuando me despierto, tomo un bloc y soy capaz de dibujar edificios ornamentados. Hasta ahora tengo unos quince bocetos. Nunca he deseado ser arquitecto, ni tengo experiencia en esa profesión. ¿Qué opina al respecto? —.

Encontramos dos sillas libres y nos sentamos para poder continuar la conversación.

— Una explicación es que tenga el deseo de ejercer esa profesión, aunque no sea consciente de ello. Otra posibilidad es que esté experimentando un recuerdo de su vida pasada, cuando era arquitecto. Podría estar aferrándose a los conocimientos de un arquitecto que ahora vive en esta dimensión o de uno que vive en otra dimensión paralela —.

— En cualquier caso — continué —, tiene una elección. Suponiendo que sea de una vida pasada o de alguien de un universo paralelo, está mostrando un talento para diseñar edificios. Si elige dedicarse a ello, debe dar los pasos necesarios, como ir a la escuela para acreditarse. Si esa fuera su elección, sus profesores podrían destacar su "talento natural" y sería una tarea fácil. Depende de usted decidir lo que quiere hacer —.

Estaba compartiendo algunas de las experiencias similares que otros habían tenido cuando José se unió a nosotros. Cuando me levanté para marcharme, di una palmada en el brazo del fotógrafo y le dije:

— Bendito sea, ahora váyase y no peque más —. Me miró confuso mientras salía por la puerta.

Aquella noche se me acercó y me preguntó:

— ¿Qué quería decir con "vayase y no peque más"? —.

— Oh, es sólo una frase que me vino a la mente. Al crecer en una comunidad católica y confesarme semanalmente, el sacerdote siempre nos despedía diciendo: "Bendito seas, hijo mío, ahora vete y no peques más"—.

— Pecar significa ignorancia — expliqué —. No deduzco que usted sea ignorante; más bien es una sugerencia, ahora váyase y no siga siendo ignorante. Bendito sea significa que tiene mi apoyo y mi aliento. Uso esta frase con todos los alumnos que vienen a mi clase —.

Ojalá persiga su talento oculto. Creo firmemente que las personas deben aumentar constantemente su conciencia y confiar en su juicio cuando reciben un don del espíritu.

El segundo incidente ocurrió durante un viaje al extranjero. Uno de los hombres que vino a recibir asesoramiento privado estaba pasando por una experiencia que no podía entender. Comenzó con sueños nocturnos. Era uno de los arquitectos más exitosos de su país. No le faltaba de nada. En su sueño se veía en una institución psiquiátrica. Llevaba una bata blanca, como los médicos de las instituciones. Se veía a sí mismo aconsejando a los pacientes y comprendía perfectamente cuál era su dilema.

— Por fin me atreví a visitar un psiquiátrico privado a las afueras de la ciudad —, dijo mientras juntaba las manos en un gesto de comodidad. — Mientras estuve allí, tuve una extraña capacidad para relacionarme con los pacientes. Sentía que alguien me decía qué decir y cómo actuar. La única forma de describirlo sería decir que era como si no fuera yo —. Entornó las cejas inquisitivamente, esperando mi respuesta.

Como no hice ningún comentario, continuó.

— Cuando le dije a mi mujer que me gustaría dejar mi profesión y volver a estudiar para ser psiquiatra, no sólo se asustó, sino que se enfadó por la sugerencia. Está acostumbrada a nuestro acomodado estilo de vida, a sus amigos... ¿y qué pensará la gente? —. Sentí una extraña punzada de decepción porque ella no lo animaba.

— Espero que tenga una respuesta — pidió — a por qué me siento tan impulsado a empezar de nuevo con una nueva profesión. Tengo cincuenta y dos años, y volver a la escuela significaría estudiar durante seis u ocho años —, explicó.

— ¿Hay algún paciente en particular en la institución por el que se sienta atraído en este momento? —, le pregunté.

— Sí, ahora que lo menciona. Un joven de unos veintiocho años. Su madre y su hermana lo ingresaron porque era drogadicto y estaba despilfarrando la fortuna familiar —.

— Cuando el administrador me hizo una visita guiada y pasé por su habitación, se acercó a la puerta y me dijo: "Tú eres quien me va a sacar de aquí" —.

En nuestro segundo encuentro, volví a tener la oportunidad de intercambiar un saludo y unas palabras. Me dijo algo que me ha inquietado:

— Vamos a trabajar juntos. La mayoría de la gente no debería estar aquí. Están a merced de estos supuestos médicos, que no son capaces de entender —.

Mientras el arquitecto me hablaba, un ser de cuarta dimensión apareció detrás de su silla, yo esperaba oír lo que tenía que ofrecerme.

El ser me dijo que la esencia del <u>arquitecto</u> procedía de un alma grupal muy desarrollada.

El joven que conoció en el psiquiátrico había pedido ayuda. El arquitecto y el psiquiatra fueron quienes recibieron su llamada de auxilio.

Ellos (el arquitecto, el psiquiatra y el joven) habían hecho un pacto antes de elegir sus cuerpos físicos para apoyarse mutuamente y corregir juntos algunas injusticias.

El psiquiatra, que se encontraba en una dimensión paralela, necesitaba la ayuda del arquitecto para cambiar el tratamiento de los enfermos mentales. La única forma de conseguirlo en aquel momento era que el arquitecto tuviera las credenciales necesarias para realizar los cambios.

Cuando recibo este tipo de información de la cuarta dimensión, me hago preguntas.

— ¿Por qué no puede el psiquiatra utilizar sus conocimientos (vía telepatía) con uno de los médicos que ahora tratan a los pacientes en la institución? ¿No sería más sencillo así? —.

La respuesta que recibí tenía sentido: — El joven fue ingresado en la institución por su madre y su hermana. No tienen intención de liberarlo. Hay en juego una importante cantidad de dinero que perderían si él volviera a hacerse cargo de la fortuna familiar. Pagan a los médicos de la institución para que lo mantengan confinado falsificando su estado —.

Rara vez le digo a la gente cuando veo una presencia a su lado. No sirve de nada. Más bien animo a la persona que viene a consulta a que confíe en su propia decisión. Doy ejemplos y suelo ofrecer tres soluciones de lo que pueden hacer. El resto depende de ellos. Mi propósito no es tener poder sobre la gente, sino ayudarles a darse cuenta que deben ser responsables de sus decisiones.

Cuando los clientes acuden a mí en busca de asesoramiento, muchas veces les doy un ejemplar de **Puntos sobre los que reflexionar** para que lo lean. (Esta filosofía se incluye en la sección Introducción).

¿Es una buena suposición de mi parte? ¿Se debe a que pude leer su mente porque estaba en su aura? ¿Es posible que, a medida que evolucionemos, lleguemos a comprender mejor nuestro potencial y nos demos cuenta que contamos con la ayuda de entidades de la cuarta dimensión, aunque no podamos verlas?

## En Contacto Con Otros Reinos

# Creación de Imágenes Mentales

FECHA: 18 de mayo de 1971
LUGAR: Londres, Inglaterra

Después que mi marido me dejara en la Asociación Espiritualista de Gran Bretaña (SAGB, por sus siglas en inglés) en Belgrave Square 33, abrí la **PUERTA** y mi **MENTE** a una nueva experiencia. Estaba allí para *escuchar y hablar con personas muertas*.

*NOTA: La dirección actual de la SAGB es 341 Queenstown Road, Battersea. https://sagb.org.uk/.*

Cuando le dije a mi marido que me gustaría volver a Inglaterra para nuestras vacaciones de tres semanas, tenía un motivo: visitar esta vez la Asociación Espiritista de Gran Bretaña. A mi marido no le interesaba escuchar ni hablar con muertos. Le apetecía estudiar arquitectura, visitar museos y bibliotecas. Mi naturaleza aventurera quería investigar e indagar. Habíamos estado en Inglaterra un año antes con un grupo de turistas, pero sólo estuvimos dos días.

Espero que **USTED** esté interesado en acompañarme en mi aventura. Esto puede incluso cambiar algunas de sus mentalidades. Hace tiempo que aprendí a no intentar demostrar nada a nadie. Sólo dejar que lo experimenten por sí mismos. Sin embargo, compartiré mis conceptos para su consideración.

Había llamado a la Asociación Espiritista esa misma mañana y me dijeron que las puertas se abrían a la 1:00 p.m. para los servicios públicos (a veces llamados Servicios de Mensajes). Los médiums comenzarían sus servicios a las 2:00 p.m.

Había varias personas de pie ante un mostrador registrándose cuando llegué poco después de la 1:00 p.m. Cuando llegó mi turno, el empleado levantó brevemente la vista y preguntó:

— ¿Con qué médium quiere sentarse o desea un servicio de mensajes privados? —.

— Es mi primera vez. ¿Qué me sugiere? —

— Margaret, en la sala seis, arriba, es un buen lugar para empezar. El servicio comienza a las 2:00 p.m. La donación es de £2 y dura media hora. Hay un salón de té en el sótano que es un buen lugar para esperar —, sugirió mientras me entregaba el boleto de entrada para el servicio.

El salón de té no estaba muy a la moda, pero ya estaba muy concurrido. La gente charlaba, bebía té y mordisqueaba bizcochitos (galletas).

Tomé una taza de té en el mostrador y elegí la mesa del rincón para mí sola. No tardó mucho en llenarse el local. Una mujer bajita y regordeta me preguntó si podía sentarse en mi mesa.

— ¿Ha venido a hablar con un ser querido que ha fallecido? —, me preguntó al enterarse que era de Texas.

— Todo esto es nuevo para mí. No sé qué esperar. Supongo que esperaré a ver qué pasa —.

De repente, oí sonar un timbre. — Es hora de subir a la misa —, me dijo mi nueva amiga. Se iba a unir a otro grupo, así que nos separamos.

Las habitaciones estaban en el segundo piso, donde los médiums celebraban los servicios. A la entrada de cada puerta numerada había un cartel con el nombre de la médium. Los se recogían en la puerta. Conté quince personas en la sala. Más tarde me enteré que los habituales solían tener su médium favorito y algunos médiums llegaban a tener hasta treinta personas en su servicio.

Decidí asistir a cada uno de los médiums durante mi estancia en Londres. Algunos médiums eran más avanzados, según los comentarios que oí por casualidad. No quería perderme nada y este lugar estaba a poca distancia del hotel, así que era muy conveniente.

Después que todo el mundo se sentara en semicírculo, se atenuaron las luces y la médium rezó una oración antes de empezar.

## CREACIÓN DE IMÁGENES MENTALES

— Hay una Betty que tiene un mensaje para alguien. ¿Hay alguien presente que tenga un ser querido llamado Betty? —

Un hombre pequeño con el pelo gris que se sentó a dos asientos de mí respondió: — Ella es mi esposa —.

La médium comenzó con el mensaje:

— Ella está cerca de usted. Me dice que ha hecho muchos amigos en el otro lado y que no se preocupe. Ella es feliz y lo ama —.

Observé la reacción del hombre. Parecía contento y tranquilo mientras decía: — Gracias —.

A continuación, la médium pronunció otro nombre y recibió la respuesta de una mujer alta y delgada vestida de azul marino. Llevaba un sombrero que me recordó a la pantalla de una lámpara. Sus ojos eran muy tristes. Empezó a sollozar suavemente después de escuchar el mensaje de su hija. Me di cuenta que todos los presentes tenían más de sesenta años. Yo tenía entonces cuarenta y siete.

Oí un nombre que reconocí. Era el nombre de una tía fallecida, pero no respondí. Al no obtener respuesta, la médium siguió adelante y pronunció otro nombre.

Antes de abandonar el edificio, pregunté a una de las señoras qué médium me recomendaría porque pensaba volver a asistir. "Martha es la que lleva más tiempo aquí. Es muy buena". Decidí asistir al servicio de Martha la tarde siguiente.

Mi opinión del primer día fue... que estén muertos no significa que sean inteligentes. Además, mucho de lo que decía la médium sonaba como un Sermón Cósmico.

Tan pronto como llegué al día siguiente, me dirigí al salón de té y me sentí atraída por una mujer que llevaba un brillante suéter morado. Su rostro estaba rosado por la impaciencia y su pelo era una telaraña de un blanco plateado. Parecía interesante, así que me acerqué a ella.

— Estoy de vacaciones y me han hablado de este lugar. Quería verlo con mis propios ojos. ¿Puedo acompañarla? —, le pregunté.

— Venga, siéntese —, me invitó. Estaba ansiosa por hablar y yo por escuchar. Me dijo que se llamaba Mannie.

— Vengo aquí muy a menudo, sobre todo en nuestro aniversario de boda. Mi marido falleció hace tres años, pero seguimos comunicándonos —. Sus ojos brillaban de entusiasmo y expectación.

— Algunas personas vienen todos los meses y otras más a menudo. Yo no tengo esa necesidad —, dijo probablemente. — Sé cuándo quiere establecer contacto —.

— ¿Qué le ha dicho? —, pregunté, realmente interesada.

— Antes de fallecer, me prometió que estaría esperándome en el otro lado. Plantó un rosal en el patio un año antes, cuando enfermó por primera vez —, me explicó. — Me dijo que en cada aniversario se encargaría que el rosal estuviera lleno de rosas rojas. Ese sería su mensaje —. Sus pensamientos se filtraron momentáneamente a aquel día. — Las rosas están floreciendo. El arbusto está lleno —, añadió.

— Eso es verdaderamente notable —.

— Si quiere, la llevo conmigo a casa para enseñarle el arbusto —, ofreció ella.

— Gracias. No será necesario. Le creo. Hay tantas cosas de las que no sé nada, pero estoy dispuesta a aprender —.

— Venga al servicio de Rose Ann conmigo. Es la mejor de todas —. Antes que pudiera responder, continuó: — Será mejor que consiga su boleto ahora porque sólo permiten tantos en una habitación —.

Rose Ann tenía un aire de confianza del que me di cuenta inmediatamente cuando entró en la habitación y se sentó en la silla. Sonrió y esperó a que las veintisiete sillas estuvieran ocupadas antes de empezar. Nos dijo que algunos de nuestros seres queridos harían su aparición en la sala y que algunos de nosotros podríamos verlos o sentir su presencia; su voz tenía una resonancia inusualmente agradable.

— Tenemos aquí a un tal Joshua. Me ha dicho que su familia y amigos le llamaban Josh. Es un mensaje para su mujer —.

## CREACIÓN DE IMÁGENES MENTALES

Miré a mi recién descubierta amiga sentada a mi lado cuando respondió: — Estoy aquí —.

El mensaje de Josh era corto.

— El rosal ha florecido para ti, mi amor. El recibo de la luz está mal. Llama a la oficina y que vuelvan a comprobar el medidor —. Ella asintió con cara de satisfacción.

Entonces vi una figura de pie detrás de la médium. Era un hombre de baja estatura, pero me dio la impresión de que se comportaba con un aire dominante y seguro de sí mismo. Cuando vi que llevaba una pipa en la boca y una nube de humo se cernía sobre su cabeza, tartamudeé en voz baja con desconcierto:

— Dios mío, está en la habitación junto a la médium —.

— Lo sé —, Mannie volteó a verme y sonrió.

El resto de los contactos de aquel día no causaron ninguna impresión significativa. Estaba demasiado ansiosa por hablar con Mannie. Mientras bajábamos las escaleras hacia el salón de té, fui muy consciente de lo orgullosa que estaba mientras se enderezaba con dignidad.

Acompañé a Mannie a una mesa de la esquina. Tenía muchas preguntas que necesitaban respuesta.

— Usted también vio a su marido detrás de la médium, ¿verdad? ¿Estaba fumando? Me pareció ver humo —.

— Siempre tenía esa pipa en la boca. Me llegó a gustar el olor a humo. Hacía que el tabaquero preparara una mezcla especial para él —, explicó con intenso placer.

— ¿Alguien más de su familia mantiene contacto con usted? —.

— No, pero mi vecina que murió el año pasado se puso en contacto dos meses después de fallecer. La extraño mucho, pero no he vuelto a saber de ella —.

Justo en ese momento, una mujer se acercó a nuestra mesa y preguntó:

— ¿Hizo contacto Josh hoy? —.

— Sí, lo hice, y mis rosas están hoy en plena floración —. Mannie le contó entonces a la mujer el consejo que había recibido sobre el recibo de la luz. La mujer le dio una palmadita en el brazo y dijo:

— Qué buen hombre tuviste —.

Antes que Mannie y yo nos separáramos, me dijo que debería tener una reunión privada con Rose Ann.

— Costará más y asegúrese de tener una lista de las preguntas que quiere que le conteste —, sugirió.

Esa noche, cuando volví al hotel y conté lo sucedido a mi marido, se interesó.

— Quizá <u>debería</u> asistir a uno de los servicios —.

Después de pensarlo un poco más, añadió: "Debe de tener mucha energía para hacer eso".

— ¿A qué te refieres, a la médium o a la mujer? —.

— Cuando lo sepas, dímelo. ¿Oliste el humo? —, preguntó.

Tengo la costumbre de llevar siempre conmigo un bloc de notas para anotar cualquier suceso habitual. Éste era un fenómeno que merecía la pena registrar. No, no olí el humo.

Aquella noche me costó conciliar el sueño. Las incesantes preguntas internas me hacían dar vueltas en la cama.

— Alguien tiene una respuesta para lo que he visto hoy —, dije en voz alta antes de ponerme lo bastante cómoda para descansar.

A la mañana siguiente me desperté cuando mi marido abría la puerta para irse.

— He pensado dejarte dormir esta mañana. Voy a desayunar y a leer el periódico en el vestíbulo —, dijo antes de cerrar la puerta.

El día anterior había conocido a un turista en el vestíbulo e iban a explorar juntos. Me alegró que se divirtiera. Enserio me alegró.

No pude volver a dormirme, así que me levanté y decidí pelar una naranja y saltarme el desayuno abajo. El tráfico bajo mi ventana transmutaba un sonido uniforme y constante. El paso de tantos

## CREACIÓN DE IMÁGENES MENTALES

coches mezclados en un zumbido profundo y armonioso era hipnótico. Empecé a soñar despierta.

Cuando me meto en mi propia cabeza, el tiempo de viaje entre el ahora y el entonces se evapora. Mi mente volvió a un incidente que ocurrió mientras trabajaba con José Silva.

Fue una noche, después de clase, cuando uno de los alumnos, un abogado de más de dos metros y ochenta kilos, preguntó si podía hablar con José en privado. José le dijo que me incluyera. Informó al abogado que todos aprenderíamos algo de esa reunión.

— Todo lo que se hable será confidencial —, le aseguró al abogado.

— Esto puede sonar infantil, pero tengo miedo a la oscuridad, casi hasta el punto de ser paranoico. No puedo dormir si no está encendida la luz del techo. Cuando salgo por la noche y vuelvo a casa al anochecer, tengo que revisar todos los armarios y debajo de la cama hasta que me convenzo que no hay nadie en la casa —. El abogado carraspeó torpemente, buscando una explicación plausible.

— ¿Desde cuándo tiene ese miedo? —, preguntó José.

— Empezó de niño —.

— ¿Puede describir qué es lo que ve y teme? —.

— Bueno, esto es estúpido, pero es un monstruo. Debe de medir por lo menos tres metros, con dientes afilados, y... —, hizo una pausa, removiéndose inquieto en su silla.

— Con verrugas en la cara y las manos y un líquido verde pegajoso que le corre por la boca —, terminó José de describir al monstruo mientras el atónito abogado permanecía sentado y escuchaba.

— ¿Usted también lo ve? —, balbuceó.

— Claro que lo veo. Ha creado una <u>imagen mental</u>. Probablemente empezó de niño, cuando escuchó la expresión 'el cuco te va a atrapar si no te portas bien o no te duermes'. Su imaginación se apoderó de usted y creó una creatura con rasgos que le repugnaban. Con el tiempo, cada vez le dio más energía. No puede causarle daño físico, pero si sigue dándole energía con miedo, puede afectar psicológicamente su bienestar —, explicó José en voz baja, con profunda preocupación.

— Vamos a deshacernos de él ahora —, sugirió José mientras me miraba y me preguntaba si yo también había visto al monstruo de la esquina.

Fascinada por lo que acababa de oír, tragué saliva y respondí débilmente:

— Sí, esa cosa hasta a mí me da miedo —.

— Hagamos acopio de energía, apuntemos con el dedo índice al monstruo y exijámosle que se haga cada vez más pequeño —.

El abogado y yo seguimos las indicaciones de José. ¿Se imagina la escena? Tres adultos, apuntando con el dedo a una imagen mental y viendo cómo se encogía ante nuestros ojos.

Cuando medía quince centímetros, José se acercó, lo levantó y se lo puso en la palma de la mano.

— ¿Todavía tiene miedo de este muñeco? Podemos hacerlo desaparecer por completo o dejarlo de este tamaño. Cuando el miedo vuelva a aflorar, podrá ver que sólo es así de pequeño y que no puede hacerle daño —, explicó José mientras yo observaba cómo se relajaban, asombradas, las tensas líneas del rostro del abogado.

— ¿Quiere decir que he creado ese monstruo sin saberlo? —.

— La imaginación es **REAL** para mucha gente. Cuando uno piensa en algo durante el tiempo suficiente y con fuerza, le da energía. Pueden verlo realmente. Muchas veces, los demás también pueden verlo. Es lo que se conoce como <u>imagen mental</u> —.

El agradecido y desconcertado abogado se limitó a sacudir la cabeza, repitiendo:

— Qué alivio. Qué alivio. ¿Cómo puedo agradecérselo? —.

— Está tomando clases de Control Mental. Cuando termine este programa, podrá controlar su mente y lo que piensa —, José continuó explicando que crear imágenes mentales es algo que muchas personas hacen cuando lloran la pérdida de un ser querido o se sienten solas. Les reconforta y muchas veces es inofensivo.

## CREACIÓN DE IMÁGENES MENTALES

Las personas profundamente religiosas ven ángeles. A veces los ángeles son imágenes mentales, a veces apariciones. Hay que evaluar las circunstancias de cada situación antes de determinar cuál.

Después de repasar mentalmente el incidente de ayer, mi mente lógica se puso en marcha y empecé a racionalizar lo que presencié ayer. La médium dio el nombre de Joshua y dijo que la familia y los amigos lo llamaban Josh. ¿Cómo se explica eso?

¿**Y si** la médium, Rose Ann, era buena recibiendo mensajes proyectados por un buen emisor, Mannie?

¿**Y si** el emisor, Mannie, también podía crear una forma de pensamiento que se pareciera a Josh tal y como ella lo recordaba, incluso hasta la pipa que fumaba?

¿**Y si** Mannie no sabía que era la creadora y directora del episodio de ayer, incluyendo el incidente del recibo de la luz? Puede que ya cuestionara el cargo antes de venir. En el pasado, ¿dependía de Josh para tomar decisiones y ahora necesitaba su opinión para estar de acuerdo con ella?

¿**Y si** la médium, Rose Ann, no era más que la mediadora y se creía una elegida capaz de contactar con los muertos?

Aunque tuviera la oportunidad de explicar todos mis "**y si**...", ¿serían rechazados o aceptados por las personas que asistían a los servicios?

Nunca volví a tener la oportunidad de hablar con Mannie, ni sentí que sirviera para algo.

Dos días después, ocurrió algo que me dio mucho que pensar. Quizá usted también quiera reflexionar seriamente sobre ello.

Estuve a punto de no asistir a la misa del viernes en la Asociación Espiritista, pero una insistente necesidad de ir no dejaba de incitarme. ¿Era porque debía concretar una cita privada con Rose Ann?

Deseché la idea. Nunca me había impresionado que me adivinaran el futuro. Claro que tenía curiosidad. De hecho, había pasado por varias lecturas en el pasado, pero pronto me di cuenta que los lectores sólo me decían lo que yo quería oír o lo que ya sabía.

Siento que **USTED** tiene curiosidad por saber si recibí o respondí a un mensaje mientras estaba sentada en los servicios. La respuesta es **SÍ**. Por si sirve de algo, se lo contaré.

— Hoy tenemos aquí a un caballero llamado Jack. Tiene un mensaje para Kate —, dijo la médium. No hubo respuesta. Volvió a repetir que tenía un mensaje para Kate. — Tal vez la conozcan como Katherine —, sugirió ahora.

— Mi madre se llama Katherine —, le dije.

— Sí, sí, éste es el mensaje que debe darle. Dígale que Jack la espera al otro lado. Ella siente su presencia, pero está confundida. Jack no quiere asustarla, sólo asegurarle que la está protegiendo —.

Ese fue el final del mensaje de la médium y el comienzo de las preguntas para mí.

¿Tuvo mi madre una relación amorosa secreta con un tipo llamado Jack? Mi padre se llamaba George y murió hace veinte años. Mi madre tenía unos sesenta años. Sus únicos intereses eran cocinar e ir a la iglesia. ¿Debería preguntarle a mi madre por Jack la próxima vez que la llame?

**¡No lo creo!** Dejé el incidente. Era demasiado exagerado. Además, cuando le conté a mi madre mi interés por lo paranormal y que daba conferencias sobre el tema, su respuesta fue:

— ¿Quieres decir que la gente de verdad paga por oír esas cosas? —.

— Cuando vuelvas a casa de vacaciones este verano, no le cuentes a la gente lo que estás haciendo. Pensarán que estás loca —, dijo con una firmeza tranquila y desesperada.

¿**Y si** tenía razón?

Volvamos a aquel viernes memorable. Mi intención era sentarme en el salón de té y escuchar a escondidas. Hasta que entré por la puerta y vi a una joven sentada junto a la calefacción, con la mirada fija en una guía turística.

## Creación de Imágenes Mentales

Cuando me senté a su lado, levantó la vista y aprovechó para preguntarme:

— Ah, ¿usted también es turista? ¿Qué le trae por aquí? —.

Dejó su libro y contestó:

— Me lo sugirió una amiga del trabajo. Pensaba hacer este viaje, pero en el último momento su hijo se puso enfermo —. Entonces me explicó que tenía la tarde libre y que el grupo de turistas con el que viajaba volaba a París por la mañana.

Me dijo que vivía en Nueva York y que era correctora de estilo en una revista de moda. Se llamaba Andrea. Sólo el verde brillante de sus ojos, magnificados por los grandes lentes circulares que llevaba a un tercio de su pequeña nariz, le hacía pasar desapercibida. Llevaba el pelo de un castaño ordinario, con un flequillo desigual que le cruzaba la frente y le llegaba hasta los hombros, rodeándole la cara como un nido. Los grandes lentes redondos daban la impresión de un búho mirando al mundo.

— ¿Va a tener una sesión privada o va a ir a un servicio? —, le pregunté.

— Mi sesión privada será a las cuatro de la tarde. No tenía otro sitio adonde ir, así que pensé en leer aquí. Nunca he ido a un servicio. ¿Va a ir? —

— He estado aquí toda la semana y me ha parecido de lo más interesante. Si quiere ir, la acompaño. Me gustaría oír lo que piensa de todo esto —.

Obtuvimos los boletos y subimos. Después de sentarnos, entró la médium, miró inquieta por encima del hombro y se colocó delante del semicírculo. Sus finos dedos se tensaron en su regazo; empezó.

— Tenemos un mensaje para Andrea —.

Andrea se levantó, sorprendida, y tartamudeó desconcertada:

— ¿Me hablan a mí? —.

— Su tía M está aquí. Me ha dicho que su madre está con ella. No se preocupe. Su tía la está cuidando —.

— Pero mi tía Myrtle está muerta y mi madre está viva —, me susurró, y se sentó. La médium hizo una breve pausa y luego añadió: — Ése es el final del mensaje —. A continuación, pronunció otro nombre.

Al momento siguiente, Andrea se levantó, me miró y dijo:

— Tengo que salir de aquí —. La seguí.

— ¿Cómo sabía la médium que yo llamaba a mi tía Myrtle, tía M? ¿Intentaba decirme que mi madre murió? —. Jadeó, sin querer creer lo que acababa de oír.

— Bajemos y llamemos a su madre —, le sugerí. — Había un teléfono en el pasillo, junto a los baños —.

Andrea me dijo que había dejado a su madre dos días atrás y que estaba bien. Dijo que ambas tenían sus apartamentos en el mismo edificio. Su madre y su tía Myrtle vivieron juntas después de la muerte de su padre. La tía Myrtle murió hace ocho meses y su madre no quiso mudarse con ella.

— Mamá sólo tiene setenta y cinco años. Juega al bridge todos los martes y nunca falta a la iglesia los domingos. Está bien; está bien —, repetía intentando convencerse a sí misma.

— Llámela —, volví a sugerir. La llamó. No hubo respuesta.

— Probablemente esté de compras —.

— ¿Tiene el supervisor del edificio una llave de su apartamento? —.

— Pues sí. Mi madre y su esposa están en el mismo club de bridge—.

— Llámela. Dígale que vaya al apartamento de su madre. Si no contesta, dígale que abra la puerta con la llave y compruebe si su madre está bien. Dele el número y dígale que le llame aquí y que estará esperando noticias suyas —.

— Es una buena idea —, dijo ella. Volvió a llamar a la mujer del supervisor.

— Podemos oír el teléfono desde aquí —, le dije cuando volvió. — Déjeme traernos un té mientras esperamos —, sugerí.

## Creación de Imágenes Mentales

Habían pasado menos de quince minutos cuando el timbre del teléfono convocó a Andrea para oír algo que no estaba dispuesta a escuchar. Oía la conversación unidireccional y sus largas pausas, reacia a colgar, reacia a perder ese vínculo. Quería tener respuestas sobre los dos días transcurridos desde que salió de casa. Dijo que había llamado a su madre anoche y que parecía estar bien.

— Sí, sí, tomaré el próximo avión a casa —, suspiró antes de colgar.

— Tendré que volver a mi hotel, hacer unas llamadas y organizarme. ¿Por qué ha ocurrido esto mientras estaba aquí? —, se preguntó.

— Todo estará bien. Su tía está con ella, así que es una bendición saber que tiene a alguien a su lado —.

Ese mismo día, cuando volví al hotel, le conté a mi marido lo que había pasado y me dijo:

— ¿No te parece extraño que ella estuviera allí para recibir ese mensaje? Me parece que alguien le estaba indicando que fuera a ese lugar —.

— Tal vez —.

En Contacto Con Otros Reinos

# Dos Misiones

## PERÚ

De repente, tuve la sensación de que alguien me observaba. Levanté la vista y vi a un joven de pie en medio de la habitación, mirándome con penetrantes ojos oscuros. Intenté gritar, pero me quedé tan paralizada por el miedo que no pude emitir sonido alguno. Esto sucede ocasionalmente cuando uno experimenta una pesadilla en el Estado de Sueño. Sólo que yo estaba completamente despierta.

El único sonido de aquella mañana procedía del patio, donde los pájaros piaban (gracias a las semillas que les suministramos en su comedero). Había cerrado con llave la puerta del Centro al llegar y había dejado las persianas cerradas. Esa mañana me levanté temprano para preparar las clases de sensibilización de tres estudiantes que venían de Houston. Llegarían alrededor de las cuatro de la tarde, y yo estaba sentada en mi cómodo sillón, sorbiendo mi segunda taza de té mientras escribía los menús. Mi marido dormía en casa cuando me fui. Nuestra vivienda está convenientemente situada frente al patio del Centro.

Estoy segura que el joven que estaba en medio de la sala percibió mi miedo porque empezó a sonreír, haciéndome sentir más tranquila. Antes que pudiera pronunciar palabra, empezó a comunicarme mentalmente: "Tiene que estar en Perú antes del 16 de noviembre. Es imperativo que esté allí. Tiene que salvar a un amigo de una aventura insensata. Estaré allí para ayudarla".

Al momento siguiente se había ido.

Decidida a no ser víctima del pánico que flotaba bajo la superficie, anoté la fecha en que recibí el mensaje: 8 de noviembre a las 8:15 de la mañana. También escribí una descripción del visitante: alto, delgado, de aspecto imponente, serio. Tuve la impresión de que su mensaje era más una súplica que una petición.

Cuando aún sentía que el corazón se me iba a salir por el pecho, el sonido de la puerta principal al abrirse me devolvió al **AHORA**. Vi entrar a mi marido y dejé escapar un suspiro de alivio. No importa cuántas veces haya tenido la experiencia de ver en la cuarta dimensión, todavía me descoloco cada vez que ocurre.

— Te levantaste temprano —, saludó. Había algo en el sonido de su voz, algo en ese tono tranquilo y tranquilizador que aliviaba al instante mi ansiedad.

— Me alegro de verte. Acabas de perderte el encuentro con mi huésped no invitado —, dije mientras empezaba a relatar lo que acababa de ocurrir. — ¿De qué crees que iba todo eso? —, pregunté.

— Si tiene algún significado, deberías recibir dos señales más. ¿No enseñas a tus alumnos que siempre deben esperar tres señales antes de actuar? —, me recordó.

— Tienes razón. Si se trata de un encargo, será mejor que las otras dos señales lleguen rápido. Todavía tengo planes para salir hacia Sedona, Arizona, el 28 de noviembre —.

A principios de junio de ese año, tuve la oportunidad de pasar tres días en Sedona. Sucedían tantas cosas que decidí volver y pasar al menos un mes investigando a los psíquicos y a las muchas personas que parecen gravitar hacia ese lugar especial para canalizar. Mientras estaba allí, conocí a una mujer en una de las reuniones. Le conté mis planes de volver en otoño.

— Es justo la persona que estoy buscando para cuidar la casa. Si está disponible durante el mes de diciembre, le dejaré utilizar mi casa durante su estancia —, me ofreció.

Me alegré muchísimo. Ultimamos nuestros planes antes de irme. Me dijo que su plan era pasar el mes con su hermana en Hawái. Yo conduciría mi coche y estaría en Sedona el día 30. Ella se iría el 1 de diciembre. Varios amigos me acompañarían unos días durante el mes. La última semana, mi marido volaría y volveríamos juntos a casa. Era un trato hecho.

Mi marido quería saber más sobre mi visitante. Después de prepararse una taza de café, se sentó para que pudiéramos hablar de ello con más detalle. Sabía que a lo largo de los años había tenido muchas visitas de cuarta dimensión. Como nunca se identifican con un nombre, me refiero a ellos como <u>mensajeros</u>. Algunos mensajeros han aparecido más de una vez. Cada mensajero tiene su propia vibración poderosa. Algunos aparecen en sueños para instruirme o recordarme que he elegido experimentar en la vibración física para servir. Algunos solicitan el uso temporal de mi cuerpo para comunicarse con almas del reino físico que están en peligro, confundidas o que simplemente necesitan que se les recuerde que nunca están solas, que siempre hay alguien cerca para ayudarlas.

Nunca estoy segura de cuál es el propósito hasta que se cumple. Nunca he tenido la visión completa del desenlace o resultado final. Una frase conocida lo explica así: *nunca nada está definido; sigue reinando el libre albedrío*.

— ¿A quién conoces en Perú y se te había aparecido antes este mensajero? —, preguntó mi marido.

— No, no lo reconocí, y a la única persona que conozco de Perú es a David, un joven que conocí cuando yo era ponente en la convención internacional de Control Mental, dos años antes. Estaba en Laredo, recibiendo formación para convertirse en instructor del programa. Dijo que estaba impresionado por mi investigación y que quería que viniera a Perú a dar talleres —.

Lo único que sabía de Perú era lo que oía en las noticias. No sonaba nada atractivo. Los constantes disturbios gubernamentales, los toques de queda y los disturbios en las calles eran habituales. Rechacé la invitación. Tenía muchos lugares donde dar conferencias, donde el idioma y la seguridad física no serían un obstáculo. Durante el resto de mi estancia en la convención, cada vez que me encontraba con el joven, insistía más en pedirme que lo reconsiderara. Mi respuesta fue un rotundo ¡NO! No volví a saber nada de él después que regresara a casa, por lo que supuse que se trataba de un asunto muerto. Hoy me ha venido a la memoria. Desde luego, después de nuestro breve encuentro, no le consideraba un amigo. Sin embargo, el mensajero lo llamó mi amigo.

## Esperando una tercera señal

La segunda señal no tardó en aparecer. En el correo de la mañana, recibí una nota de la mujer de Sedona en la que me decía que los planes para que yo cuidara la casa habían cambiado. Tenía que someterse a una operación y su hermana iba a venir a cuidarla mientras se recuperaba. Mi primera reacción fue de decepción. Esto significaba que tendría que ponerme manos a la obra y buscar otro lugar para mi estancia de un mes. No quería decepcionar a mis amigos, que habían reorganizado sus agendas para acompañarme.

— Míralo de esta manera —, me dijo mi marido cuando le hablé de la carta. — Esta puede ser tu segunda señal —.

Aquella tarde, después que llegaran mis alumnos, estábamos sentados en el salón hablando cuando sonó el teléfono.

— Señora Hadsell, soy David. Nos conocimos hace dos años en Laredo. ¿Recuerda que entonces le pedí que viniera a Perú y usted declinó la oferta? Pues ahora tengo una propuesta que no podrá rechazar —, se le notaba la emoción en la voz. Me dijo que no podía explicarme el proyecto que él y unos amigos habían planeado porque alguien podría estar escuchando la conversación. — La necesitamos y queremos incluirla. Pagaré todos sus gastos y organizaré clases para usted durante su estancia. Será mi huésped mientras esté aquí, la enviaré a Cusco y a Machu Picchu, y... — su voz se quebró a mitad de la frase. — ... ¿Qué más hace falta para que esté aquí el 16 de noviembre? —.

Demasiado sorprendida por su propuesta como para poner objeciones, mi sexto sentido se activó por fin, y sentí que mis defensas flaqueaban cuando lo escuché mencionar la fecha: 16 de noviembre. La misma fecha que había dado el mensajero.

— ¿Por qué es tan importante el 16? —, pregunté.

— Le informaré cuando llegue —, fue todo lo que me dijo.

Un intenso asombro afloró cuando me di cuenta de que acababa de recibir la TERCERA SEÑAL.

— Haré los preparativos del viaje por la mañana. Llámame mañana por la tarde y tendré una fecha definitiva para mi llegada —. Sabía que tenía que ir, que era una misión. Un gélido escalofrío recorrió mi espina dorsal, que siempre parecía ocurrirme para hacerme saber que lo que había oído, visto o leído era VERDAD.

Cuando embarqué en Pan Am rumbo a Miami el 12 de noviembre de 1986, no dejaba de darme vueltas en la cabeza la frase "Los tontos se precipitan donde los ángeles temen pisar". Tras una escala de cinco horas, mi vuelo de Aeroperú se dirigía a Perú. Hicimos una escala de una hora en Ecuador y llegamos a Perú a las 9 de la mañana del 13 de noviembre. Fuimos directamente a casa de David, a tiro de piedra del océano Pacífico.

Me sentí como en casa inmediatamente en la espaciosa mansión de cinco pisos. Un muro de ladrillo de tres metros rodeaba la propiedad y proporcionaba intimidad y seguridad. La criada, el jardinero y el pintor mantenían la casa en perfecto estado. Debido a la pobreza de Perú, los robos son frecuentes. Los peruanos acomodados tienen sus casas rodeadas de muros y cuentan con guardias de seguridad que recorren sus zonas las veinticuatro horas del día. Después de deshacer las maletas y sumergirme en un baño caliente, me eché una siesta de dos horas. Salimos a comer pizza y, a las siete de la tarde, nos reunimos con Rouel para que me explicara por qué era tan importante que yo estuviera aquí.

A las siete en punto llegó Rouel. Era un hombre bajo, regordete y de cara redonda. Hablaba algo de inglés, pero no paraba de disculparse y de mirar a David, haciéndole preguntas en español. Rouel fue quien organizó el grupo de once hombres para ir a excavar (como él lo llamaba). Explicó cómo él y un amigo habían descubierto una ensenada en la orilla del océano y decidieron amarrar su barca y echar un vistazo. Descubrieron una cueva y quisieron investigar más.

— Ocurrió algo muy extraño —, explica. — Cuando entramos en la cueva, una fuerza parecía empujarnos hacia fuera. Los dos tuvimos escalofríos y nos asustamos mucho. Entonces nos fijamos en los trozos de madera resbaladiza sobre la arena —. Rouel sacó varios trozos de madera de su maletín. La madera parecía haber estado pintada de óxido. Rouel los puso sobre la mesa para que los examinara. Dijo que había llevado la madera a analizar a un museo y que le habían dicho que tenía unos trescientos años. También explicó que había acudido a varios videntes locales, que le dijeron que procedía de un barco que regresaba a España. Una tormenta en alta mar estrelló el barco contra las rocas durante un viaje de regreso en el que los españoles transportaban lingotes de oro. Hubo supervivientes y pudieron recuperar una parte de los lingotes de oro, que guardaron en la cueva. Los marineros estaban a la espera de ser rescatados, pero no ocurrió. Los psíquicos le dijeron a Rouel que los españoles seguían custodiando el oro y que ésa fue la energía que él y su amigo sintieron.

¿Le parece inverosímil? Espere, la historia mejora.

Rouel regresó al lugar varios días después y volvió a intentar entrar en la cueva. Esta vez, juró que vio a cinco o seis hombres que se le acercaban.

— No pude llegar a mi barca lo bastante rápido para salir de allí —, dijo.

— ¿Y cómo cree que puedo ayudar? —, le pregunté.

— David nos dijo que estaba impresionado con su capacidad de ver en la cuarta dimensión. Dijo que podría comunicarse con los espíritus o fantasmas y convencerlos de que utilizaríamos el oro para el bien. Además, si donáramos una parte importante a los pobres de Perú, podrían dejarnos el oro —, respondió.

¿Esa era la razón por la que había venido hasta aquí? ¿Para ayudar a recuperar unos lingotes de oro?

— ¿Por qué no pediste ayuda a uno de los videntes locales? —, pregunté.

— Lo pensamos, pero decidimos que queríamos que un extraño fuera el médium. Sería menos complicado y más seguro —, respondió.

Por un momento, miré a los dos sentados a la mesa y luego me levanté.

— Déjenme preparar un poco de café y podemos repasarlo otra vez —, dije mientras me dirigía a la cocina. Claro, empecé a preparar el café, pero tenía otra cosa en mente.

## Dos Misiones

— ¡Socorro! ¡Ayuda! Necesito una GRAN AYUDA para explicarle a David por qué este plan es una locura —, le supliqué en voz baja.

— *Estoy aquí y estoy listo para hacerme cargo cuando volvamos allí* —. Fue un mensaje telepático del mensajero que se me apareció en mi centro. No sólo me sentí aliviada, sino también interesada por lo que ocurriría a continuación.

Quizá deba explicar que no soy un médium en trance que se vuelve ajeno a lo que ocurre. Soy plenamente consciente y me doy cuenta cuando cambia la resonancia de mi voz. Muchas veces se utilizan palabras que no forman parte de mi vocabulario.

A los diez minutos, me reúno con David y Rouel con tres tazas de café. Estaba preparada para cualquier cosa después de ver al mismo mensajero que se me había aparecido antes, de pie detrás de David.

Empecé a explicarle lo que estaba recibiendo telepáticamente.

— Hay un hombre pequeño con el pelo gris que habla mucho cuando bebe. Forma parte de su grupo. La semana pasada estaba en un bar con amigos y empezó a jactarse de cómo iba a hacerse rico. Les dijo que iba a ir a una excavación con un grupo que sabía dónde se podían encontrar lingotes de oro —.

— Pues sí, sé de quién estás hablando —, dijo Rouel con cara de sorpresa. — Tenía la sensación de que no era de fiar, pero puso el dinero inicial que todos aportamos para los suministros —.

El mensajero continuó usando la telepatía, diciéndome lo que tenía que decir.

— Seguramente, usted es consciente que cualquier reliquia o tesoro descubierto en suelo peruano pertenece automáticamente a su gobierno. Como el gobierno actual es tan corrupto y está tan infiltrado de mercenarios, no sólo confiscarán sus hallazgos, sino que sus vidas correrán peligro. ABORTEN. David, habrá otras oportunidades menos peligrosas para que beneficies a los pobres. Soy consciente de tu buen corazón, pero esta no es la forma de obtener fondos para tu proyecto —.

— ¿Por qué deberíamos abortar nuestros planes? Estamos preparados y listos, y tendremos armas para defendernos —, gruñó Rouel.

— Tal vez no sepan que actualmente están siendo vigilados por su gobierno. Le sugiero que llame a un amigo, le diga dónde está, le pida que se estacione al final de la calle y espere hasta que vea salir su coche. Cuando salga, no vaya directamente a casa, sino que tome una ruta tortuosa. Indique a su amigo que se mantenga a una distancia prudente de usted. Cuando llegue a casa, espere su llamada. Confirmará que lo han seguido. Luego, llame a David para que se convenza que esta excursión es una insensatez —.

Mientras explicaba esto a David y Rouel, vi una transformación en la cara de Rouel. Sus ojos marrones se endurecieron, brillantes, sosteniendo una mirada salvaje que me recordó a la de un lobo. Un lobo que roería su propia pata, si fuera necesario, sólo para escapar.

— Puedo herir a cualquiera que interfiera en mis planes peor de lo que jamás haya soñado, señora —, siseó Rouel. Durante un largo momento, apenas me atreví a respirar. Aquel hombre se tambaleaba sobre algún tipo de límite emocional y no estaba segura que supiera siquiera dónde estaba.

Rouel cerró los ojos y echó la cabeza hacia atrás. Un instante después, en tono brusco, dijo:

— Será mejor que haga esa llamada y averigüe si realmente me están siguiendo —. Estaba segura que percibía mi desconfianza hacia él, pero intentaba controlar su ira.

Al cabo de unos minutos, salió del despacho de David y dijo que era mejor que se fuera.

— Esperaré en tu vestíbulo hasta que pase mi amigo y tenga tiempo de dar una vuelta y luego seguirme. Te llamaré más tarde para avisarte —. Antes de irse, me miró y me preguntó: — ¿Cuánto tiempo va a estar aquí? Si no podemos ir el 16, quiero saber cuándo será seguro —.

— No tengo idea, pero creo que debería abandonar todo este plan —.

Esto era algo que no quería oír, intuí, mientras salía de la habitación. Más tarde esa noche, llamó a David.

— Ella tenía razón. Tenemos que posponer esto hasta más tarde y yo me encargaré de ese tipo que causó este retraso —.

Ahora aceptaba el hecho de que mi razón para estar en Perú era evitar que el ingenuo de David se embarcara en esta excavación. Convencerle de que Rouel era un personaje desagradable y cortar más lazos con él. Ahora entendía el mensaje que me rondaba por la cabeza: "*Los tontos se precipitan donde los ángeles temen pisar*", iba dirigido a David.

Me sentí muy aliviada y agradecida por toda la ayuda que recibí del otro reino. Todas las noches, antes de dormir, doy las gracias a mis ayudantes visibles e invisibles. Cuando me desperté a la mañana siguiente, sabía que mi misión en Perú acababa de empezar. Me mantuvo allí durante los dos meses y medio siguientes.

A la tarde siguiente, David invitó a sus amigos a tomar café y a conocerme. Uno de los invitados, una artista de Praga, me reconoció inmediatamente. Se puso delante de mí y sus ojos se llenaron de lágrimas al abrazarme.

— Hermana, qué alegría volver a verla —.

Tardé un momento en conectar antes de recordar que, en una vida anterior, estuvimos juntas en España en un convento como monjas católicas enseñando a niños. Supe que hablaba siete idiomas y que se había casado con un peruano.

— Va a estar aquí mucho tiempo —, me dijo. — Mientras esté aquí, yo seré su traductora —.

Por alguna razón, cuando hice las maletas para venir a Perú, metí mis cartas del tarot como idea de último momento, sin imaginar que las utilizaría a diario. Personalmente creo que se puede leer a la gente sin usar las cartas, pero como me explicó mi amiga:

— A la gente le fascina cualquiera que lea las cartas, úselas —.

Durante el mes siguiente, leí las cartas a médicos, abogados, comerciantes y ladrones. La mayoría de los peruanos acomodados hablaban inglés. Para los que no, mi amiga se sentaba a mi lado como intérprete. Se convirtió en mi secretaria y en mi querida amiga. Había cientos de personas que venían a las lecturas. Cada una de ellas tenía un problema y buscaba una solución. La mayoría de las veces, los clientes traían consigo su guía. Mi amiga también podía ver en la cuarta dimensión y trabajábamos en estrecha colaboración. Estoy segura que nos utilizaban como canales para ayudar a la gente a ayudarse a sí misma. Muchas veces, escribía una afirmación para que la repitieran y eliminaran un patrón de comportamiento negativo que les impedía progresar espiritualmente. Cuando alguien venía con un problema físico que los médicos no eran capaces de resolver, les explicaba qué eran la energía, las emociones y nuestra forma de pensar.

Uno de los mejores recordatorios que aprendí a memorizar hace años fue la siguiente cita de Frank Outlaw:

Cuida tus pensamientos, porque se convierten en palabras;
cuida tus palabras, porque se convierten en acciones
cuida tus acciones, porque se convierten en hábitos;
cuida tus hábitos, porque se convierten en carácter,
cuida tu carácter, porque se convierte en tu destino.

También escribí afirmaciones según sus necesidades. Por ejemplo:

En el pasado, tuve este problema (... una mala relación... un problema físico... etc.).

Me niego a vivir en el pasado.

No le daré más energía.

Estoy curado.

También utilicé una afirmación que tomé prestada del libro *Pensamiento y destino*, de Harold Percival:

Cada átomo de mi cuerpo se emociona con la vida para mantenerme bien.
Cada molécula de mi interior transporta salud de célula a célula.
Células y órganos en todos los sistemas,
Se construyen para una fuerza y juventud duraderas.
Trabajen en armonía por la luz consciente de la verdad.
**Rejuvenecer—Recargar—Reenergizar**

## Ilusión

También impartí clases de autoconciencia e investigué a los curanderos locales. Un estudiante me habló de una curandera local conocida como la "Dama del Huevo" por los nativos. La estudiante quedó tan impresionada por su curación que compartió su experiencia personal.

— Cuando tengo un problema físico, llamo a la Dama de los Huevos. Todo lo que tengo que hacer es traer una docena de huevos frescos —, me dijo. — Me tumbo en un catre de su despacho y rezamos juntas mientras me pasa el huevo por el cuerpo. Al cabo de un minuto más o menos, abre el huevo, lo vierte en un pequeño cuenco sobre la mesa y me pide que lo mire. A veces, está lleno de sangre; otras, es viscoso, negro o marrón y a menudo tiene un olor fétido. Vierte el huevo en el cubo y repite la cura hasta que el huevo está limpio. Ella puede sacar todos los gérmenes, infecciones, crecimientos extraños o incluso un maleficio que alguien me haya hecho. Sólo le pago lo que puedo —, explica.

— Me gustaría conocerla —, exclamé con verdadero interés.

David llamó y me concertó una cita. Cuando llegué allí con mi docena de huevos, me hizo pasar a su pequeño despacho. Después de acomodarme en un catre, esperé a que empezara la curación. Pero me dijo:

— No puedo curarla. Sabe lo que hago. Sólo puedo curar a las personas que tienen fe y creen que el objeto extraño que proyecto mentalmente en los huevos salió de su cuerpo —.

Me estudió un momento, esperando una respuesta. Me incorporé y empezamos a hablar.

— No estoy aquí para desacreditarla. Una de las mujeres a las que curó me habló de usted y quería conocerla. Debe de ser usted una excelente 'sugestionóloga' e ilusionista. Tengo curiosidad por saber cómo se inició en la curación —, le pregunté, con mi enfoque no intrusivo.

Tuvimos una agradable charla. Me contó que su madre y su abuela también habían curado con huevos y que muchas personas se curaban gracias a su fe. En esta sociedad, me explicó, este era su único medio de ganarse la vida. También me dijo que, en ocasiones, le decía a la gente que se fuera a otro sitio, que ella no podía curarles. Percibí su sincera preocupación por ayudar a la gente y me cayó muy bien.

## Pequeño desvío a MÉXICO

Un incidente en el que la "sugestionología" y la ilusión resultaron contraproducentes fue con uno de los cirujanos psíquicos que se ganaba la vida cómodamente con sus poderes mentales.

Un amigo y yo nos unimos a un grupo de quince personas que fueron a Mazatlán, México, para pasar cinco días con un 'cirujano psíquico'. Desafortunadamente, este cirujano psíquico estaba en el modo de codicia y poder e indirectamente causó la muerte de uno de los hombres de nuestro grupo.

Cuando conocimos al supuesto cirujano psíquico, nos pareció un poco engreído y confiado. Presentó a su hermano y a su primo como sus ayudantes la primera noche en la reunión de orientación. Nos pidieron que nos apuntáramos para las siguientes citas en las que él estuviera disponible.

En nuestro grupo había un hombre con un marcapasos. Creía firmemente que, si se curaba y le quitaban el marcapasos, podría funcionar sin él. Su mujer nos contó más tarde que pidió al cirujano psíquico que le quitara el marcapasos.

— Cuando volvió a nuestra habitación después de la operación, estaba en las nubes, diciéndome que ya no necesitaba el marcapasos. Me dijo que vio el marcapasos en las manos del cirujano después que éste se lo quitara. Me dijo que se sentía como era antes —, nos contó su mujer. — A la mañana siguiente, se levantó de la cama y empezó a hacer flexiones durante unos quince minutos. Me preocupaba que se estuviera sobre exigiendo y le pedí que parara varias veces, pero siguió. De repente, se desplomó. Pedí ayuda, pero antes que llegaran los paramédicos, ya estaba muerto —, relató con cuidado.

Cuando el cirujano psíquico se enteró de lo ocurrido, hizo las maletas y se marchó inmediatamente. Sí, todavía hay mucha gente ingenua y crédula, y todavía hay charlatanes y gente deshonesta. Es responsabilidad de cada uno de nosotros usar el criterio.

## No robe, no mienta, no sea perezoso

Soy una observadora de la gente y, después de familiarizarme con la zona donde vivía David, me aventuraba a ir sola al mercado. Me fijaba en la gente que charlaba y, antes de marcharse, inclinaba la cabeza y decía: "*AMA SUA. AMA LLULLA. AMA QUELLA*". La otra persona inclinaba la cabeza, asentía y decía: "*QUAMPAS JINALLATAG*".

Curiosa, le pregunté a David de qué se trataba. Me explicó:

— En Estados Unidos, antes de despedirse, se suele terminar la conversación diciendo: "Que tenga un buen día". En Perú, la despedida nativa es "No robe. No mienta. No sea perezoso", y la respuesta es: "Igualmente" —.

La segunda semana que estuve en Perú, salí para una excursión de cinco días a Cusco y Machu-Picchu. Me costó bastante adaptarme al cambio de altitud. Me sangra la nariz cuando voy a Denver, Colorado, donde la altitud es de apenas un kilómetro y medio sobre el nivel del mar. En los Andes, la altitud es de cuatro kilómetros. Los dos primeros días tuve fuertes dolores de cabeza y hemorragias nasales. Afortunadamente, los hoteles están preparados para los recién llegados. Disponen de oxígeno, y a los huéspedes se les sirve té de cacao (té de cocaína) al llegar, lo que ayuda a la adaptación.

Mi guía personal durante mi estancia en Cusco fue una persona especial. Cuando parábamos para ver las ruinas o recorrer los edificios, los chicuelos de la calle estaban por todas partes. Sus caritas sucias le miran con sus grandes ojos negros y le tienden la mano para pedirle dinero. El guía se detuvo en la panadería y el mercado para comprar panecillos y naranjas para repartir.

— Nunca hay que dar dinero a los niños —, explica. — Se lo llevan a casa a sus padres, que lo usan para su vicio de beber y muchas veces los niños se quedan con hambre —.

Cuando llegamos al Templo del Sol, noté una transformación en el guía. Se entristeció al explicarnos lo que ocurrió después que España invadiera Perú y cómo los españoles se apoderaron del templo, mataron a los sacerdotes y fundieron el oro en lingotes para enviarlo a España. También habló de cómo se enfrentaron a la

Inquisición para eliminar a los dioses idolatrados y sustituirlos por la historia de Jesús, María y José que debían adorar.

Tuve la sensación de que era uno de los sacerdotes de la época y que estaba reviviendo mentalmente aquella vida.

Había tantos lugares en Perú que me quedé totalmente maravillada. Sugiero que, si le interesa la historia de Perú, la investige. Quizás uno de los lugares más memorables que encontré fue en Cusco. Era una iglesia con filas de altares. Algunos de oro, uno que fue diseñado y construido con dos toneladas de plata, e incluso altares de madera tallados a mano que tardaron años en completarse. La iglesia tenía cuatrocientas pinturas murales; cada una medía tres y medio por siete metros, con marcos de oro. Qué increíble despliegue de talento.

En cuanto a Machu Picchu, cada persona con la que hablé tenía su propia historia. Durante mi estancia, pude ver a través de las paredes y leer la mente. ¿Fue la altitud, la energía, los seres de cuarta dimensión que parecen habitar el lugar? Ni siquiera me aventuro a explicarlo, pero fue una observación personal.

# ÉPILOGO

## Helene

A mi regreso a casa, tenía mucho en qué pensar. Como he mencionado antes, llevaba un diario, no sólo de mi viaje a Perú, sino de todas las experiencias que he compartido con ustedes.

Durante años, esta información estuvo apilada en el fondo de un armario. El 1 de enero de 2001, me sentí impulsada a releer mis notas. Decidí compartir mis experiencias con ustedes. Quizá sea una lectura entretenida. Tal vez para algunos de ustedes, les haga tomar conciencia de que todo lo que he hecho y experimentado, ustedes pueden hacerlo, ¡y más!

Quizás ha llegado el momento en que USTEDES también se den cuenta de lo ESPECIALES y GRANDES que REALMENTE SON. Quizá nunca lo haya reconocido. Tal vez siempre lo ha sabido.

Mis teorías e interpretaciones son el resultado de mi investigación y experiencia desarrolladas a lo largo de mis setenta y siete años como estudiante, profesora, observadora y consejera. Sigo interesándome y disfrutando escuchando lo que otros hacen y tienen que decir.

*Que Dios los bendiga. Ahora vayanse y no pequen más.*
**Helene Hadsell**

✧✧✧✧✧

## Carolyn

Conocí a Helene Hadsell cuando tuve la suerte de leer *¿Lo quieres? Lo tienes* hace más de quince años. Sólo al leer otros libros de Helene me di cuenta de lo mucho que tenía que enseñar al mundo sobre el reino metafísico.

Creo que Helene decidió escribir primero *¿Lo quieres? Lo tienes* porque la gente leería antes un libro sobre cómo ganar premios que un libro sobre cómo los seres espirituales tienen una experiencia humana. También por eso entretejió sus lecciones a través de los numerosos relatos de cómo ganó tantos concursos, destacando sus métodos metafísicos.

Helene sabía que escribir ese libro en concreto no era lo que estaba destinada a hacer en esta vida. Sabía que su propósito era enseñar a los demás todas las capas del Universo, incluidos dos conceptos antiguos en los que creía: como *es arriba, es abajo,* y *todo es uno*. También sabía que la gente necesitaba cierta información envuelta en papel de regalo para comprenderla y aceptarla más fácilmente. Bajo el pretexto de aprender a ganar premios sustanciosos, Helene fue capaz de abrirse paso a través de arraigados patrones de pensamiento y formidables muros psicológicos para empezar a inculcar verdades místicas.

Después que *¿Lo quieres? Lo tienes* se convirtiera en un éxito de ventas, Helene supo que sus lectores estaban preparados para conocer sus otras aventuras metafísicas de la vida y aprender así las lecciones espirituales que estaba destinada a impartir.

No espere más de una década para volver a leer las enseñanzas de Helene, como hice yo. Convierta la lectura de sus sabias palabras en un acontecimiento anual. Mire sus lecciones con ojos nuevos cada vez, recurra a sus guías, dé las gracias a sus ángeles y escuche <u>siempre</u> su guía interior. Esa voz siempre tiene razón, aunque parezca ilógica. (Y preste siempre atención a sus tres señales, como Helene nos recuerda en la página 104 de este libro).

Cuando se levante cada mañana, empiece el día tomándose a pecho una de las citas favoritas de Helene y cree su propia aventura:

*La vida es una aventura atrevida o nada.*
**Helen Keller**

# Lecturas Recomendadas

Algunos de los libros que menciona Helene están descatalogados, pero no por ello son menos valiosos. No deje de buscar ejemplares en librerías de segunda mano, tiendas de segunda mano y mercaditos.

## Recomendaciones de Helene

1. *El tesoro de El Dorado*
por Joseph Whitfield

Helene sintió instantáneamente una conección divina a este libro cuando vió la imagen en la página dos; sintió que la imagen se asemejaba al Mensajero que la visitó.

2. *Revelación: El Fuego Divino*
por Brad Steiger

A Helene le gustó este libro porque creía que todo el mundo recibe mensajes de otros reinos, pero no siempre los reconoce como tales. Este libro le ayudará a aprender a reconocer los mensajes que recibe.

3. *En mi alma soy libre*
por Brad Steiger

Paul Twitchell fue un conferencista espiritual, escritor y fundador de la religión conocida como *Eckankar*. Aunque Paul era autor, Brad fue contratado para escribir la biografía de Paul y fue publicada en 1968.

4. *El Método Silva de Control Mental*
por José Silva

Helene no sólo fue amiga de José Silva por más de 30 años, sino que en algún momento fue su Asistente y Gerente de Relaciones Públicas. Si tiene algún problema dominando su proceso SPET (Selecciónelo, Proyéctelo, Espérelo y Tómelo), entonces debe leer el libro de José ya que sus enseñanzas son de las que SPET se deriva, aunque claramente, ella le dio su propio toque.

5. *El poder de la mente subconsciente*
por Dr. Joseph Murphy

Helene también era amiga del Dr. Joseph Murphy. Como ella dice a menudo, es bueno repetir las mismas lecciones varias veces para consolidarlas en nuestra mente. También es bueno escuchar lecciones similares de diferentes maestros. A veces, escuchar el mismo concepto presentado desde un ángulo ligeramente diferente nos ayuda a captar mejor la idea.

6. *Usted no es el objetivo*
por Laura Huxley

Helene menciona específicamente este libro, y los dos siguientes, como libros que recibió de José para que los leyera. Le parecieron interesantes y quiso compartir la sabiduría que extrajo de cada uno de ellos, y quiso discutir con ella los pensamientos, conceptos e ideas.

7. *El cerebro vivo*
por W. Grey Walter

8. *Avance hacia la creatividad*
por Shafica Karagulla

9. *El colmillo del tigre*
por Paul Twitchell

Helene también tuvo la suerte de pasar tiempo con Paul Twitchell. A menudo acudía a su casa para una visita social la noche antes de dar una conferencia, algo que no solía hacer con los demás. Era evidente que tenían un contrato de almas. Él le enseñó sobre muchos de los temas que se leen en este libro.

10. *Descubrimientos psíquicos tras el telón de acero*
por Sheila Ostrander & Lynn Schroeder

Helene menciona este libro cuando Paul Twitchell sugiere que se vuelvan invisibles (en la página 59). En lugar de dudar de que pueda, Helene recuerda a un famoso espía que nunca fue capturado. Reflexiona: ¿se debía a que podía volverse invisible a voluntad?

11. *Pensamiento y destino*
por Harold Percival

Este libro se aleja del tipo de libros que Helene suele mencionar. Puede parecerle una lectura "pesada". Se centra en el pensamiento frente a la espiritualidad.

*NOTA: RE: TAROT Y DIVINACIÓN: Helene dominó la lectura de las cartas del tarot y la lectura de su bola de cristal, que menciona usar en este libro. Ella aprendió directamente de maestros humanos y no mencionó ningún recurso para que otros lean. Yo no domino ninguna de las dos modalidades metafísicas, por lo que tampoco puedo hacer recomendaciones. Sin embargo, le recomiendo que investigue por su cuenta, siga su voz interior y aprenda de los maestros con los que se sienta en armonía.*

## RECOMENDACIONES DE CAROLYN

1. *Contratos sagrados*
por Caroline Myss

Todos venimos a este mundo con un contrato de alma. Este libro le ayudará a conocer mejor el propósito de su vida y a identificar las energías espirituales que le ayudarán a descubrir las lecciones que ha venido a experimentar a la "Escuela de la Tierra".

2. *Transformando la suerte en destino*
por Robert Ohotto

En la vida, como las cartas, la mano que se nos reparte es nuestra Suerte. Cómo jugamos esa mano es nuestro Destino. Robert le enseña cómo identificar y sanar bloqueos inconscientes que pueden estar obstruyendo su bien más elevado.

Las enseñanzas de Robert cambiaron mi vida de muchas y profundas maneras. Él es el primer maestro que recomiendo si busca una guía excepcional a medida que crece en su camino espiritual.

3. *Pregúntale a tus Guías*
por Sonia Choquette

Helene hablaba mucho de sus guías y este libro le ayudará a aprender a conectar con los suyos para nutrir su alma y hacer de su tiempo en la Tierra una aventura, precisamente como Helene deseaba para todos sus estudiantes.

### 4. *Cero Límites*
por Dr. Joe Vitale

A Helene le encantaba Joe. Le parecía muy dinámico. Si lee alguno de sus libros, entenderá por qué a Helene le gustaba como profesor. Este libro enseña el sistema de sanación hawaiano Ho'oponopono.

### 5. *El cumplimiento espontáneo del deseo*
por Deepak Chopra

No existen las coincidencias. Por ejemplo, no fue una coincidencia que yo conociera a Helene y leyera su(s) libro(s) y que además pasara cuatro días con ella. Me dio la oportunidad de compartir su trabajo.

En este libro, descubrirá cómo todos estamos conectados a todo lo que existe y a todo lo que está por venir. Cuanto más consciente se vuelve y conecta con el campo de posibilidades infinitas, más "coincidencias" experimenta.

### 6. *Convertirse en sobrenatural*
por Dr. Joe Dispenza

Joe enseña, a través de diversas meditaciones, cómo sintonizar con las energías universales, acceder a otros reinos y crear la vida que uno desea.

Como cada maestro se alza sobre los hombros de sus predecesores, Joe lleva la biorretroalimentación, la meditación y el adentrarse en lo desconocido a un nuevo nivel.

### 7. *Si la vida es un juego, éstas son las reglas*
por Cherie Carter-Scott

Traducido del sánscrito antiguo, el libro *Sopa de pollo para el alma* incluía inicialmente las Reglas para ser humano atribuidas a "Anónimo". Cherie extrapoló luego esa lista a su libro para facilitar la comprensión e incorporación de esas reglas a la vida cotidiana.

## LECTURAS RECOMENDADAS

**8. *¿Qué demonios sabemos?***
DVD

Este documental examina la conexión entre la física cuántica y la conciencia. Utilizando un formato de historia, sigue a la heroína en su viaje y, por el camino, descubrimos dónde convergen la ciencia y la espiritualidad.

**9. *Buscando a Joe***
DVD

Documental sobre Joseph Campbell. Es famoso por enseñar que cada uno de nosotros está en "El viaje de un héroe". Compara nuestras experiencias y patrones vitales con la mitología y las historias culturales arquetípicas.

*NOTA: Si quiere leer más de mis favoritos, puede encontrar una lista más completa en mi sitio web Words For Winning: https://bit.ly/WinningMindsetResources.*

## En Contacto Con Otros Reinos

# AUTORAS

**HELENE HADSELL**

La vida de Helene Hadsell fue una prueba no sólo de su dinámica filosofía, sino también de su práctica del pensamiento positivo en la enérgica persecución de sus objetivos, que le reportó ricas recompensas en términos de bienestar espiritual, físico y material. Este libro es el relato verídico de los asombrosos acontecimientos de su vida, que confirman su convicción de que cualquiera puede lograr cualquier cosa que su mente pueda concebir si se lo propone firmemente.

En 1986, fundó Delta Sciences como centro de retiro. Acudían personas de todo el mundo, como Inglaterra, Suiza, Hungría y Perú, así como de todos los estados de Estados Unidos de América.

Helene Hadsell era madre de tres hijos: Pamela, Dike y Chris. También tenía tres nietos y tres bisnietos. Vivía en Alvarado, Texas, con su marido, Pat, que compartía su interés por ayudar a la gente a mejorar su vida a través del poder mental.

**CAROLYN WILMAN**

A Carolyn Wilman le encanta enseñar a los demás sobre mentalidad, marketing y cómo ¡GANAR! (tanto en la vida como en los sorteos).

Bajo el estandarte de su agencia, Idea Majesty-Carolyn se especializa en Marketing de Sorteos, ayudando a empresas y participantes a conectar.

Destinada a ayudar a otros a desarrollar su potencial, Carolyn fundó una editorial, Words For Winning, que adquiere los derechos de publicación de autores y líderes de opinión descontinuados. A continuación, actualiza y reintroduce sus libros a una nueva generación de lectores.

Además, Carolyn es profesora de sorteos y se le conoce como "La Reina de los Concursos". También escribió dos libros galardonados,

## In Contact With Other Realms

*You Can't Win If You Don't Enter* (*No puedes ganar si no participas*) y *How To Win Cash, Cars, Trips & More* (*Cómo ganar dinero, coches, viajes y mucho más*). Su probado sistema de participación en línea ha ayudado a otros a ganar millones en efectivo y premios.

¡Permanezca atento para ver cuáles serán sus próximas aventuras ganadoras!

> Las tres cosas que hacen que la vida valga la pena: Sentirse útil haciendo algo, ser querido por alguien y tener algo que esperar.
> — Helene Hadsell

www.ingramcontent.com/pod-product-compliance
Lightning Source LLC
Chambersburg PA
CBHW070952080526
**44587CB00015B/2278**